Le langage des lignes

Marcel Jean

Le langage des lignes

et autres essais
sur le cinéma d'animation

NOUVELLE ÉDITION

Les 400 coups

Nous remercions le Conseil des Arts du Canada de l'aide accordée à notre programme de publication, et la SODEC pour son appui financier en vertu du Programme d'aide aux entreprises du livre et de l'édition spécialisée.

Nous reconnaissons l'aide financière du gouvernement du Canada par l'entremise du Programme d'aide au développement de l'industrie de l'édition (PADIÉ) pour nos activités d'édition.

Gouvernement du Québec – Programme de crédits d'impôt pour l'édition de livres – Gestion SODEC

Le langage des lignes a d'abord été publié en 1995.

Illustration de la couverture : Extrait de *Begone Dull Care / Caprice en couleurs,* un film d'Evelyn Lambert et Norman McLaren ; © 1949, Office national du film du Canada, tous droits réservés
Révision : Nicole Raymond
Correction d'épreuves : Chantale Landry
Maquette de la couverture et composition typographique : Nicolas Calvé

© 1995, 2006 Marcel Jean et les éditions Les 400 coups, Montréal (Québec) Canada

Dépôt légal – 3e trimestre 2006
Bibliothèque et Archives nationales du Québec
Bibliothèque et Archives Canada

ISBN-10 : 2-89540-314-7
ISBN-13 : 978-2-89540-314-2

Diffusion au Canada
Diffusion Dimedia Inc.

Diffusion en Europe
Le Seuil

Imprimé au Canada sur les presses de l'Imprimerie Gauvin.

À Jeanne, première lectrice

Avant-propos

J'ai écrit ce livre en écoutant la musique de John Coltrane, de Thelonious Monk, de Charles Mingus, de Miles Davis et d'Eric Dolphy. C'est dire à quel point il est né librement, sans les contraintes d'une commande, sans l'obligation de respecter un format préétabli.

Dirigeant, avec Michel Coulombe, les deux premières éditions du *Dictionnaire du cinéma québécois,* j'ai dû faire face à une rigueur formelle extrême. En effet, le dictionnaire est un genre qui laisse bien peu de latitude à ses auteurs. Mon deuxième livre, un précis d'histoire intitulé *Le cinéma québécois,* a lui aussi été rédigé selon des paramètres rigides. C'était une commande destinée à une collection très bien ciblée, et je n'avais d'autre choix que de me conformer aux règles mises en place par l'éditeur. J'ai pris plaisir à travailler à ces ouvrages, mais ils m'ont donné envie de m'atteler à un projet d'écriture plus personnel. Ils m'ont donné le goût d'explorer un autre genre, le goût de parler du cinéma autrement. C'est ainsi qu'est née cette idée de consacrer un livre au cinéma d'animation.

J'enseigne l'esthétique du cinéma d'animation à l'Université de Montréal depuis 1989. Ce qui n'était au départ qu'un champ d'intérêt parmi d'autres est rapidement devenu mon principal objet de réflexion. Dans mes lectures, j'ai vite constaté que le cinéma d'animation est presque toujours abordé, par les rares auteurs qui s'y sont arrêtés, sous les angles historique et technique. Or, je me passionne plutôt pour l'esthétique du cinéma d'animation, pour son langage.

Au fil des ans, j'ai amassé quantité de notes, de questions et d'observations, à la suite des nombreux visionnements auxquels j'ai assisté. Ce sont ces bribes de textes, ces quelques lignes griffonnées au verso d'enveloppes et sur des bouts de papier, qui constituent l'ébauche de ces essais. La mise en forme définitive de ce livre, comme je l'ai déjà laissé entendre, s'est faite librement, avec la volonté de traduire une pensée en mouvement plutôt que de chercher à atteindre une exhaustivité illusoire. Voilà pourquoi j'ai emprunté la forme malléable de l'essai, qui me permettait d'osciller entre la critique, les observations et les hypothèses personnelles. Il y a tant à dire à propos du cinéma d'animation que je ne voulais surtout pas qu'on me prête l'intention d'écrire une somme.

Ce livre, je l'ai d'abord écrit parce que j'avais envie de le lire. Parce que j'avais envie qu'on me parle autrement de ce qui fait le cinéma d'animation. Ce livre, je l'ai cherché un peu partout avant de me résoudre à l'écrire. Je l'ai donc écrit pour moi, à la première personne, dans le style qui me sied le plus, comme un gros aide-mémoire, comme une sorte d'état de ma réflexion. Bien entendu, j'ai essayé de le construire le plus solidement possible, j'ai visé l'équilibre entre la liberté et la rigueur, en prenant pour modèle (ini-

mitable, je sais) les élans pianistiques du grand Thelonious
Monk. La musique est pour moi une source d'inspiration
inépuisable, elle stimule et rythme la pensée. À mon cla-
vier d'ordinateur, je suis parfois comme un galérien qui
s'essouffle à transposer en mots et en phrases les accents
de jazz qui emplissent la pièce.

J'ai aussi trouvé une source supplémentaire de motiva-
tion dans la curiosité et la passion de mes meilleurs étudiants, les Yves Lafontaine, Marco de Blois, Stéphane Drolet,
Richard Magnan, Christine Noël et Philippe Gajan qui, d'une
année à l'autre, m'ont obligé à approfondir mes idées, à
fouiller de nouvelles pistes, à vérifier mes intuitions. Si j'aime
l'enseignement, c'est pour l'effet stimulant de ces rencontres
avec des gens qui, parce qu'ils veulent toujours en savoir
plus, vous obligent à vous améliorer constamment.

Après ces étudiants, il me faut remercier Louise Beaudet
et les employés de la Cinémathèque québécoise, ainsi que
François Poitras et son personnel de la boutique vidéo La
Boîte noire. Leur précieuse collaboration m'a permis de voir
et de revoir quantité de films tout au long de la rédaction de
cet ouvrage. Je salue aussi Michel Larouche, qui m'a
demandé de prononcer une conférence dont le texte est à
l'origine de l'essai intitulé *Le poids des corps*. Enfin, je remer-
cie en vrac tous les employés de l'Office national du film du
Canada qui m'ont apporté leur soutien, et plus particulièrement Benoît Côté, du studio français d'animation.

Marcel Jean
6 juin 1995

Lève-toi et marche !

« The character is identified not primarily by the way he looks, but by the way he moves. »

Chuck Jones[1]

LES DESSINS QUI BOUGENT. Il y a un plaisir spécifique à regarder des dessins se mouvoir, à observer l'évolution de lignes et de formes sur un écran de cinéma. Un plaisir sans cesse renouvelé à voir bouger ce qui devrait rester immobile.

J'ai un fils. Alors que j'écris ces lignes, il a cinq ans. C'est un grand garçon. Il adore les dessins animés. Il était tout petit, il avait à peine plus d'un an et demi, qu'il les aimait déjà. Les dessins animés exercent sur lui une fascination incroyable. Il prend un plaisir fou à assister aux mésaventures du Wile E. Coyote, il s'identifie à Simba — le roi lion — comme à personne d'autre et il ne se lasse pas d'être le témoin de la victoire du petit homme Mowgli sur le tigre Shere Khan. Cela n'a rien d'exceptionnel, vous me direz.

---

1. Traduction : « Ce qui caractérise le personnage, ce n'est pas d'abord son aspect, mais la façon dont il bouge. » Irv Broughton, *Producers on producing. The Making of Film and Télévision*, McFarland, 1986, p. 38-47.

Votre fils, votre nièce, votre petit voisin, tous les enfants que vous connaissez font de même. D'accord, je vous le concède. De toute façon, mon but n'est pas de vous démontrer que mon fils est exceptionnel (quoique j'en sois persuadé, mais c'est une autre histoire...). En fait, ce que j'essaie de vous dire concerne la spécificité des dessins animés, et plus précisément la façon dont la réaction des enfants est instructive lorsque vient le temps d'aborder la façon dont on perçoit le cinéma d'animation.

Quand Maximilien (c'est le nom de mon fils) regarde un film en prises de vues réelles, il voit le monde. Il voit des hommes, des femmes, des enfants, des animaux, des objets. Il reconnaît le monde et n'est aucunement impressionné par la prouesse technologique qui permet sa reproduction. Il n'a pas la réaction des premiers spectateurs de cinéma qui étaient troublés à la vue d'un train entrant en gare. Quand il regarde un tel film, Maximilien ne s'étonne pas de voir les êtres bouger. C'est le monde et ça bouge, ça va de soi.

Le visionnement d'un film d'animation, cependant, lui procure une tout autre émotion. Ce qui bouge, ce sont des dessins. C'est quelque chose qui n'est pas le monde. Quelque chose qu'il a d'abord aperçu dans les livres, puis dont il a fait l'expérience en traçant lui-même des lignes sur une feuille. Et, dans un cas comme dans l'autre, cela ne bougeait pas. Voilà donc ce qui le fascine d'emblée dans les «comics»: le mouvement.

Quand une panthère dessinée danse avec un ours du même genre, quand de petites et fugitives figures gravées par le Canadien Norman McLaren sautillent et explosent, quand tout un mobilier se livre à un véritable numéro de comédie musicale (on aura reconnu ici une séquence célèbre de *La belle et la bête*, version Disney, 1992), c'est pour mon fils de magie qu'il est question. Magie d'amener tant de lignes et de couleurs à se mouvoir. Magie d'oser offrir du monde une image d'une étonnante fantaisie, où la liberté qu'on manifeste constitue le plus formidable stimulant qui soit pour l'imagination.

Ce que le cinéma d'animation offre à mon fils, c'est un équivalent à l'effervescence de son monde intérieur, un monde qui lui permet de faire converser un rhinocéros et une girafe de matière plastique. L'univers fantastique de l'animation offre une réponse, un prolongement à ses jeux.

Il en va de même lorsque l'enfant observe un film d'animation utilisant une technique à trois dimensions. Qu'il s'agisse de marionnettes, de poupées ou de pâte à modeler, ce sont littéralement ses jouets qui bougent ici. Le rapport à son univers immédiat n'en est que plus direct, la fascination qui en découle n'en est que plus grande. Quand on a constaté cela, on ne s'étonne plus de la passion qui lie l'enfant au cinéma d'animation. Pour lui, cette forme d'art offre à la fois un monde magique et proche.

Le Canadien d'origine néerlandaise Co Hoedeman, dans ce qui reste encore aujourd'hui ses deux meilleures réalisations, a bien compris cela. *Tchou-Tchou* (1972) et *Le château de sable* (1977) sont en effet composés d'éléments rigoureusement liés à l'enfance. Dans le premier cas, le cinéaste construit son décor et ses personnages avec des blocs de bois — c'est-à-dire avec des jouets — et toute l'action du film se présente comme l'évolution des jeux d'une fillette et d'un garçonnet. Dans le second cas, le sable est l'élément autour duquel le film se développe et encore une fois l'action pastiche les activités de l'enfant (il s'agit ici de construire, puis de détruire et enfin de recommencer à bâtir un château de sable).

Dans ses jeux, l'enfant est un metteur en scène, un « manipulateur » qui pourra reprendre à son compte les histoires des films auxquels il aura assisté. Comme Co Hoedeman, l'enfant fait bouger ses blocs, donne vie à ses personnages de sable et à ses poupées. Je ne crois donc pas qu'il faille chercher ailleurs les racines du rapport passionnel qui lie l'enfant au cinéma d'animation. C'est la fascination pour l'inanimé qui s'anime, l'étonnement devant la magie du mouvement.

À l'origine du cinéma, le seul mouvement sur l'écran suffisait à attirer les foules, voire même à provoquer la frénésie dans la salle. Cette époque nous paraît aujourd'hui bien lointaine, alors que la masse des spectateurs est blasée devant la somme des images qui l'interpellent. Cependant, on peut établir un parallèle entre la réaction des spectateurs primitifs du cinéma et celle des enfants devant le cinéma d'animation. Dans les deux cas, il s'agit à la base d'un étonnement devant une manifestation quasi surnaturelle.

J'ai la conviction qu'il demeure quelque chose de cet étonnement, de cette curiosité chez le spectateur adulte lorsqu'il assiste à un film d'animation. J'ai d'ailleurs toujours été surpris de constater à quel point mes étudiants, à l'Université de Montréal, lorsque je leur parle d'animation, veulent avant tout savoir comment on produit tel ou tel effet, comment on a réalisé tel ou tel film, quels trucs se cachent derrière telle ou telle technique. La majorité des étudiants semblent venir dans ma classe parce qu'ils sont intrigués, parce qu'ils attendent une révélation. C'est une situation exactement inverse à celle qui domine dans les autres cours, où une bonne part des étudiants arrivent avec la prétention de tout savoir, ou à tout le moins d'en savoir aussi long que moi.

Je disais donc que le cinéma d'animation semble presque toujours cacher le secret de sa fabrication. En effet, avec ses nombreuses techniques et toutes les variantes de celles-ci, l'animation pourrait évoquer une sorte d'alchimie dont le spectateur n'a de cesse de chercher à percer le mystère. Et devant mes étudiants curieux, je n'ai souvent d'autre choix que celui d'avouer qu'il m'est impossible de révéler la « formule occulte » qu'un cinéaste donné a mis au point pour un de ses films. Impossible, par exemple, sans parler à Caroline Leaf ou à quelqu'un qui l'a vue travailler, d'expliquer avec précision la technique utilisée dans *The Street* (1976). On peut en effet déduire qu'il s'agit de peinture sur verre, mais il est plus difficile de deviner comment la cinéaste a pu se donner le temps d'intervenir sur la matière avant que la peinture soit sèche[2]. Il en va ainsi pour des centaines de films qui ont été réalisés par des cinéastes d'animation conscients de la nécessité de développer leurs propres outils, de soumettre la technique à leur imaginaire, à leur esthétique. C'est là d'ailleurs l'une des idées les plus stimulantes que porte le cinéma d'animation, celle voulant que le cinéma reste à inventer, que tout reste à découvrir. Ainsi, les animateurs — et Norman McLaren en est le plus brillant exemple — ont souvent une attitude de pionniers. Ce sont des bricoleurs, comme l'étaient Georges Méliès, Émile Reynaud ou Émile Cohl. Ils doivent se colleter à la technique pour la plier à leurs besoins.

On a donc d'une part la curiosité du spectateur et de l'autre le secret de l'artiste. De cette situation naît la tension singulière qui régit les rapports entre le cinéma d'animation et son public. Je l'ai dit, il persiste une magie dont le spectateur rêve de percer le secret. Cette magie, c'est à la fois la force et la faiblesse de l'animation. La force parce qu'elle crée d'emblée un pont lancé vers le public, la faiblesse parce qu'elle porte en elle la tentation de s'en satisfaire.

---

2. Dans *Le dictionnaire du cinéma québécois*, Boréal 1988 et 1991, Louise Carrière explique que Caroline Leaf a ajouté de la glycérine à la peinture, ce qui a pour effet de l'empêcher de sécher.

C'est dans ce lien unique qu'il faut chercher les sources de l'évolution stylistique et thématique du cinéma d'animation. Dans ce lien qu'il faut chercher l'origine de cet univers de légèreté et de fantaisie qui est souvent le lot de l'animation. On pense au Français Émile Cohl et à ses premières réalisations *(Fantasmagorie,* 1908) tout entières tournées vers le plaisir de faire bouger des dessins. On pense surtout à l'Américain Winsor McCay, ce géant du dessin animé, qui dans ses premières réalisations *(Little Nemo,* 1910, et *Gertie le dinosaure,* 1914) focalisait l'attention du spectateur sur la magie du mouvement en tournant, en prises de vues réelles, un prologue et un épilogue donnant à ses films des allures de pari absurde (« Parions que je peux faire bouger un dinosaure ! ») tout en révélant le secret de l'affaire (on peut voir dans le prologue de chaque film les milliers de dessins réalisés par l'auteur). On pense enfin aux hypothèses ahurissantes que faisaient naître, dans les années 1910, les films de marionnettes du Russe Ladislas Starewitch. Voyant bouger fourmis, scarabées et autres insectes sur l'écran, certains journalistes écrivaient qu'un savant russe avait dressé ces petites bêtes pour les besoins du cinéaste[3]. La maîtrise précoce manifestée par Starewitch dans des films comme *La vengeance de l'opérateur cinématographique,* réalisé dès 1912, repoussait donc les frontières du réel dans l'esprit de nombreux spectateurs.

Si le mouvement et le secret de son origine demeurent encore aujourd'hui source d'intérêt pour le public du cinéma d'animation, on peut aussi considérer que la nature du mouvement est sans doute l'élément fondamental dans l'interprétation qui est faite de chaque film. Comme l'a souvent répété McLaren, « l'animateur, plus que tout autre créateur de films, constate que ce qui existe sur chaque image n'est

---

3. Giannalberto Bendazzi, *Cartoons,* Paris, Liana Levi, 1991, p. 73.

Figure 1 Le pionnier de l'animation américaine Winsor McCay focalisait l'attention du spectateur sur la magie du mouvement en tournant, en prises de vue réelles, un prologue et un épilogue donnant à ses films des allures de pari absurde. Ici, une image de *Gertie le dinosaure*. (Coll. Cinémathèque québécoise.)

jamais aussi important que ce qui est survenu entre deux images[4]». Cela revient à dire que le cinéma est art du mouvement. Mais, alors que dans le cinéma de prise de vues réelles, le mouvement peut sembler naturel, c'est-à-dire que plus souvent qu'autrement il n'est pas le résultat d'une réflexion précise mais plutôt d'une approche essentiellement intuitive, il n'en va pas de même en animation. En effet, le cinéma d'animation n'est pas un art de captation du mouvement, mais plutôt de création du mouvement. Il exige donc qu'on en fasse à la fois l'analyse et la synthèse.

---

4. Cité notamment au verso du n° 82 de la revue *Séquences*, datant d'octobre 1975. Ce numéro est consacré à McLaren.

Dans la série de films pédagogiques qu'il a réalisée avec Grant Munro, *Le mouvement image par image* (1976 à 1978), Norman McLaren a bien montré selon quels paramètres devait s'établir toute réflexion préalable à la réalisation d'un film d'animation. Le mouvement est la base commune à tout film d'animation, toutes techniques confondues. Il est essentiel à la communication d'une idée, d'une action ou d'une émotion.

L'histoire du cartoon américain est à ce chapitre riche en enseignement. On y remarque, par exemple, comment la vision du monde de Tex Avery, dominée par l'angoisse et la paranoïa, ordonnée par une logique de l'excès, s'exprime à travers une conception du mouvement axée sur la vitesse et l'outrance. Avery est en effet le maître des mouvements rapides (voir l'abondance et l'ampleur des poursuites dans son œuvre) et des gestes aberrants (le lion se retournant sur lui-même à force de rugir, dans *Slap-Happy Lion*; ou encore le kangourou qui, voulant fuir le danger, saute dans sa propre poche et disparaît, aussi dans *Slap-Happy Lion)*. L'agressivité déchaînée d'Avery est frénésie du mouvement. Il expliquait d'ailleurs: « J'ai élaboré un nouveau type d'humour. Avec l'ancien système, il fallait vingt pieds de film pour obtenir l'effet. Je me rendis compte qu'on pouvait réduire à huit pieds. On comprenait aussi, et c'était plus amusant[5]. »

Promoteur de la ligne droite, des trajectoires directes et explosives, Avery joue aussi avec maestria des contrastes, par exemple lorsqu'il fait du chien Droopy un être lent et d'apparence malhabile. La mobilité restreinte de Droopy devient alors une sorte de faire-valoir de la course ambiante. Il en va de même avec la gestuelle aguichante des héroïnes

---

5. Joe Adamson, « Interview with Tex Avery », *Take One*, vol. II, n° 9, 1970. Cité par Giannalberto Bendazzi dans *Cartoons*.

du cinéaste, rouquines provocantes qui, si elles s'appellent Cendrillon ou Petit Chaperon rouge, ont laissé leur innocence au vestiaire. Dans ce cas, Avery privilégie un mouvement anthropomorphique en rupture avec le délire visuel qui caractérise la gestuelle des autres personnages, et plus particulièrement du loup qui généralement perd toute contenance en assistant au spectacle suggestif auquel se prête la jeune femme (qui a abandonné la citrouille ou le petit pot de beurre pour devenir chanteuse de cabaret).

On pourrait dire, pour reprendre la terminologie freudienne, que dans l'œuvre d'Avery se concentrent les éléments qui forment le « ça » du cartoon. Inversement, Walt Disney, l'autre géant de cette industrie, a fait de ses films le lieu où s'affirme une sorte de « surmoi ». À Disney, donc, le fondement du sens moral, l'expression de l'ordre ; à Avery la libération des pulsions, la manifestation du désir. L'opposition peut paraître simpliste, mais elle exprime assez bien le gouffre qui sépare le monde de l'un et celui de l'autre, même si, comme le fait justement remarquer Giannalberto Bendazzi, les deux animateurs ont conjointement mené à des sommets l'idée de la *personality animation*[6]. Disney est le chantre de l'Amérique officielle, avec ses valeurs et ses interdits, tandis qu'Avery prend plaisir à faire apparaître ce que l'Amérique refoule. Avec humour

---

6. La *personality animation* consiste à penser l'animation non plus uniquement en termes graphiques, mais en termes d'acteurs dessinés. Ainsi, chez Avery comme chez Disney, puis chez Chuck Jones, Bob Clampett et les autres, cette conception de l'art du dessin animé est capitale dans l'avènement de l'âge d'or du cartoon. On peut considérer que le dinosaure Gertie, sympathique et espiègle personnage né de la plume alerte de Winsor McCay, marque le véritable début de la *personality animation*. Bendazzi attribue l'accomplissement de cette forme d'animation à l'apport conjoint d'Avery et de Disney, à la page 204 de *Cartoons*.

et sans prétention, il laisse entrevoir, en vrac, ce que David Lynch *(Blue Velvet; Wild at Heart)*, Martin Scorsese *(Taxi Driver)* et les frères Coen *(Barton Fink)* révéleront avec sérieux.

En conséquence, si Disney offre du monde une image à l'opposé de celle d'Avery et si le mouvement est un élément capital dans la formation de cette image, on doit penser que Disney a privilégié une conception du mouvement qui lui est propre. Tous ceux qui ont lu quelques pages à propos du père de Mickey Mouse ont pris connaissance de l'existence de ce qu'on appelle le style en « O ». Ce style, c'est d'abord une certaine idée du mouvement. Un mouvement arrondi et élégant, mouvement tournoyant et ininterrompu, mouvement spirale qui hypnotise, mouvement dénué de toute brusquerie et qui enivre à la façon d'une valse.

On a souvent affirmé, à tort, que l'animation selon Disney reposait sur la reproduction du réel. C'est bien mal connaître les films. Le mouvement disneyen n'est pas naturaliste. Il est plutôt une stylisation découlant d'une observation fine et précise du réel. En effet, si le producteur Disney a souvent astreint ses animateurs à des séances d'observation, il a toujours prôné la nécessité de caricaturer toute action pour en faire sortir le sens. Pour Disney, le monde et les gestes du monde sont désordre, tandis que le dessin animé doit être ordre. Ainsi, il s'agit d'observer la ronde de ses personnages dans un film comme *Peter Pan* (Hamilton Luske, Clyde Geronimi et Wilfred Jackson, 1953), ou encore dans *Pinocchio* (Ben Sharpsteen et Hamilton Luske, 1940), pour constater le haut degré de stylisation qui caractérise le mouvement. Tout converge vers une forme d'harmonie affectée qui vise à rendre le spectateur détendu et disponible. Et dans le confort presque anesthésiant de ce mouvement fluide, Disney raconte des histoires édifiantes. C'est tantôt un pantin de bois qui apprend à écouter sa conscience, tantôt un petit éléphant à la poursuite du bonheur. Les films de Disney proposent une leçon claire, en accord avec l'idéologie dominante. Mon but, ici, n'est pas de critiquer le moralisme disneyen, mais plutôt de montrer comment celui-ci est supporté par une esthétique, par un style, et plus particulièrement par une conception précise du mouvement.

L'hégémonie économique du studio Disney aura pour effet d'imposer à titre d'étalon l'animation disneyenne. De sorte que pour l'immense majorité des spectateurs, et même pour l'ensemble des gens de l'industrie, le style Disney définira la « bonne animation ». Le style Disney deviendra classique, au sens où il fera autorité, où il sera le modèle digne d'être imité.

On ne peut reprocher à l'oncle Walt sa réussite, mais on doit se réjouir du fait que certains, à commencer par les dissidents qui autour de Stephen Bosustow allaient fonder United Production of America (UPA) en 1945, aient osé contester le modèle dominant. Chez UPA, on allait repositionner le cinéma d'animation dans le domaine graphique, on allait pousser la stylisation du mouvement à l'extrême. On allait surtout utiliser les possibilités expressives du mouvement avec une remarquable liberté[7]. Robert Benayoun, grand défenseur d'UPA, explique à ce propos :

> Le cartoon avait jusqu'alors limité la caricature au dessin, il ne l'avait pas poursuivie dans le mouvement. Et la rafraîchissante fantaisie des sautillements, des ralentis accélérés, prête soudain une vie plus fictive, plus intense, plus expressive aux

7. Rappelons qu'UPA a été fondé en 1945 par Stephen Bosustow et un groupe de cinéastes dissidents des studios Disney. Ces cinéastes étaient mécontents des conditions de travail chez Disney, et notamment de l'absence totale de liberté artistique qui y régnait, les animateurs devant tous se conformer au style graphique contraignant de la maison.

personnages humains, qui ternes chez Disney, deviennent chez UPA de totales réussites. Gerald McBoingBoing, ses pieds tricotant le sol sous un corps immobile, et versant par instants dans un petit saut brusque comme un coup de chapeau, atteint à la réalité mythique des grandes créations dessinées [8].

Chez UPA, on allait aussi privilégier l'animation restreinte, c'est-à-dire qu'on allait se limiter à animer ce qui devait l'être, laissant immobiles les figurants qui en viennent ainsi à composer avec les décors une toile de fond raffinée. Cette attitude, qui trouvait aussi sa justification dans les économies qu'elle permettait de réaliser, avait l'avantage de mettre en relief chaque mouvement et de lui donner sa pleine signification. Plus tard, l'animation restreinte allait mener à d'effroyables abus de la part des producteurs de séries télévisées américaines et japonaises, mais dans le contexte d'UPA, elle se justifiait pleinement.

Parmi les hors-la-loi du mouvement, parmi ceux qui vont à l'encontre des canons habituels de l'animation, j'aime citer la Canadienne Suzanne Gervais. Il est clair que pour elle, la surface est l'ennemie. À travers ses six films personnels, et plus particulièrement depuis *Trêve* (1983), dans lequel elle introduisait une narration en voix off, elle n'a jamais cessé d'explorer le paysage intérieur. Son travail est l'expression d'une quête, d'une réflexion en cours sur la capacité de l'art d'aller au fond des choses. Cette volonté d'atteindre le « fond » de ses personnages par-delà leur « forme » a d'ailleurs eu d'importantes répercussions esthétiques sur ses films, la plus importante étant sans doute la remise en cause du mouvement. Par exemple, dans *L'atelier* (1988), le mouvement est abrupt, morcelé, bousculé. Il est

---

8. Robert Benayoun, *Le dessin animé après Walt Disney*, Paris, Jean-Jacques Pauvert Éditeur, 1961, p. 20-21.

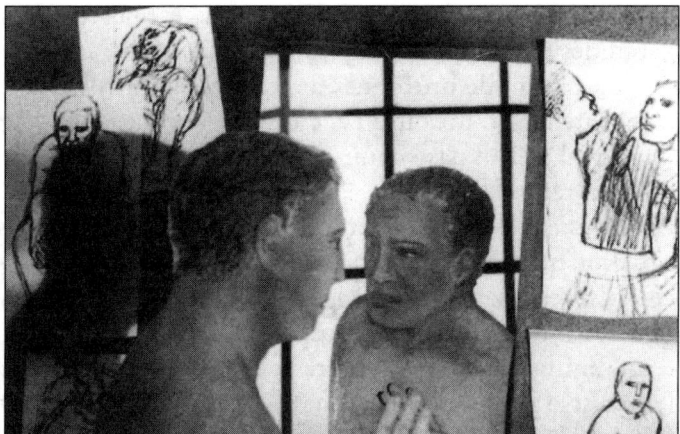

Figure 2 Dans *L'atelier,* de Suzanne Gervais, le mouvement est abrupt, bousculé, morcelé. Il est en rupture catégorique avec la fluidité privilégiée par l'animation académique. (Photo : ONF.)

en rupture catégorique avec la fluidité privilégiée par l'animation académique. En cela, il répond à la temporalité du film, elle aussi brisée et imprécise. Dans l'optique de Gervais, puisque l'essentiel est ailleurs, mieux vaut fragmenter la surface pour la pénétrer plus facilement.

C'est d'ailleurs ce désir de casser les apparences pour atteindre autre chose qui est à la base de l'histoire de *L'atelier.* En effet, pour la peintre qui est au centre du film, il s'agit de se demander, à travers ses rapports avec le modèle masculin qui pose pour elle, « si on est si fragile à l'intérieur ». Le récit en entier est donc celui d'une recherche, tantôt tâtonnante, tantôt plus précise, visant à accéder à un autre niveau, à traverser la nudité du modèle qui, au fond, n'est que la nudité de l'apparence.

« Ce que je cherche est inscrit en toi », dit l'artiste au modèle. « Je ne verrai rien en toi qui ne soit pas toi », ajoute-t-elle pour le rassurer. Mais, voilà, l'être est un « paysage qui se dérobe » et il faut prendre des risques et bousculer des habitudes pour atteindre son essence.

En essayant de provoquer des choses, en introduisant dans l'atelier un miroir qu'elle installe devant le modèle pour qu'il ne soit pas « comme quelqu'un qui se tourne le dos, qui refuse de se voir », l'artiste risque sa sécurité. Elle génère une tension qui peut tout aussi bien faire éclater la situation que l'amener au plus près de ce qu'elle veut toucher. En cela, elle est un peu le double de Suzanne Gervais qui, dans sa démarche d'introspection, sacrifie le confort d'une animation lisse et d'un récit limpide. Pour ces deux femmes, la quête d'une vision des choses en profondeur passe par le questionnement de la représentation. Une interrogation fertile qui éloigne leur art des sentiers battus.

On remarque, dans *L'atelier*, la cohérence que Suzanne Gervais établit entre la texture du mouvement et la thématique abordée. Il fallait pourtant un courage certain pour refuser la joliesse et la performance technique au profit de l'efficacité dramaturgique. Car le refus de la norme place la cinéaste en marge face à l'establishment du cinéma d'animation. Le rejet de ses films par le réseau des festivals d'animation me rappelle les réactions outrées que suscitaient, au début des années 1960, les images des films de Jean-Luc Godard, images éclairées par Raoul Coutard au mépris de toutes les règles admises. On disait alors des films de Godard qu'ils étaient mal photographiés, sans comprendre qu'ils présentaient en fait une conception moderne de la lumière au cinéma[9].

Cela dit, il arrive qu'une production issue des studios Disney mette en cause l'art du mouvement tel qu'élaboré

---

9. Fabrice Revault D'Allones définit remarquablement cette conception moderne de la lumière dans son essai intitulé *La lumière au cinéma*, Paris, Éditions Cahiers du cinéma, 1991.

par le fondateur de la maison. C'est le cas du récent *The Nightmare Before Christmas* (1993), réalisé par Henry Selick, d'après une idée et des personnages de Tim Burton. Marco de Blois fait remarquer que :

> Traditionnellement, chez Disney, le mouvement repose sur un anthropomorphisme presque rotoscopique. Dans *The Nightmare Before Christmas,* un seul personnage est ainsi animé, c'est Sally. L'incarnation de la voix de la conscience de Jack. Pour le reste, Selick fait éclater cette approche du mouvement en se livrant avec brio à une folle esthétisation des formes. Chez Jack, grand idéaliste, les gestes sont simples, théâtraux, et en même temps aériens, se jouant de la loi de la gravité. Chez le maire, notable un peu ridicule en proie à mille anxiétés, ils sont saccadés, répétitifs et très rapides, comme ceux d'un automate déglingué. Chacune des innombrables créatures du film possède ainsi son propre mouvement selon une logique imparable [10].

Les libertés, prises par Selick quant à la conception disneyenne du mouvement se font donc au profit de la caractérisation des personnages. Ces libertés étaient essentielles, compte tenu de la physionomie des êtres qui habitent le film. Car ceux-ci, inspirés à Tim Burton par l'atmosphère de l'Halloween, sont pratiquement tous constitués d'un amoncellement d'éléments qui ont habituellement une signification négative. Ce sont des morts-vivants, des êtres difformes, des monstres de toutes sortes. Or, Selick devait, par son travail sur le mouvement, modifier la première impression laissée par la direction artistique de *The Nightmare Before Christmas.* Il devait, surtout, hiérarchiser les liens qui allaient se nouer entre les personnages et le spectateur. Il devait permettre à ce dernier de différencier chaque personnage dans

---

10. Marco de Blois, « The Nightmare Before Christmas », *24 images,* n° 71, février-mars 1994, p. 78-79.

Figure 3   Dans *The Nightmare Before Christmas,* Henry
Selick fait éclater la conception disneyenne du
mouvement au profit de la caractérisation des
personnages. (Coll. *24 images.*)

le formidable bric-à-brac visuel qu'est ce film. C'est donc
essentiellement par son travail sur le mouvement que Selick
a peaufiné la psychologie de ses monstres, qu'il les a rendus
vraisemblables, qu'il a orienté et suscité l'identification du
spectateur vers le héros.

   La réussite du cinéaste est largement redevable à l'efficacité avec laquelle il parvient à dessiner les grandes ambi-
tions de Jack à travers la noble élégance de ses gestes. Cela
sans parler du choix judicieux d'une gestuelle plus réaliste
chez Sally, gestuelle qui donne à cette femme, physique-
ment proche du monstre de Frankenstein, une humanité
qui lui confère un statut particulier dans le film.

   A l'inverse, *Le roi lion* (1994), réalisé pour les studios
Disney par Roger Allers et Rob Minkoff, mise beaucoup
moins sur la caractérisation par le mouvement. Ici, le mouvement est dominé par le style de la maison. C'est sur le

Figure 4 On remarque, dans *Le roi lion*, les mouvements tournoyants et fluides si caractéristiques des productions du studio Disney. Cette conception du mouvement, alliée à la prépondérance des lignes courbes, est à l'origine de ce qu'on appelle le style en « O ». (Coll. *24 images*.)

plan du graphisme que s'effectue l'essentiel du travail visant à imposer visuellement le rôle et la psychologie des personnages. L'exemple du vilain Scar est à ce chapitre éloquent. Avec sa crinière sombre, son pelage rougeâtre, sa cicatrice au-dessus de l'œil gauche et son menton tout en pointes qu'il relève de façon hautaine, Scar est d'entrée de jeu un personnage louche. On se méfie de cet usurpateur. Sa couleur le marginalise, les autres lions lui opposant un blond lumineux.

C'est généralement par de tels signes plutôt que par le mouvement qu'on aura l'habitude de désigner les personnages chez Disney. On trouve quand même quelques exceptions au fil de l'imposante filmographie de la compagnie. C'est le cas d'*Aladdin* (de John Musker et Ron Clements, 1991), film emporté par l'exubérance du génie de la lampe, dont l'aspect est inspiré de l'acteur Robin Williams (qui prête sa voix au personnage). Malheureusement, les élans rapides du génie et ses métamorphoses successives sont à l'origine d'une certaine confusion visuelle, qui se double d'une confusion sonore encore plus importante. La clarté propre au style Disney est alors sérieusement hypothéquée. On ne parvient pas à trouver un équilibre entre cette nouveauté tonitruante et l'esthétique de la maison.

Constatant cela, on peut affirmer que *The Nightmare Before Christmas* est probablement le premier véritable succès artistique des studios Disney, en animation, en dehors de leur créneau. On s'en réjouit, pour autant qu'on aime voir les cinéastes penser le mouvement en termes de mise en scène, comme un moyen d'expression à définir.

Parce que la question du mouvement en animation n'est vraiment pas simple. Il est surprenant, par exemple, de voir à quel point une animation hésitante, maladroite selon les critères professionnels généralement admis, peut provoquer une impression forte et durable. Je pense à *The Amazing Mr. Bickford* (1987), montage étonnant d'images de Bruce Bickford et de musiques de Frank Zappa. Animant principalement de la pâte à modeler, Bickford donne à voir une technique boiteuse, marquée par l'instabilité du mouvement et les éclairages vacillants. Cependant, alors qu'on devrait rester de marbre devant une telle démonstration d'amateurisme, on est vite secoué par l'énergie crue qui se dégage de ces images. Sur la musique intitulée *Dupree's Paradise,* Bickford organise un monde horrible, il plonge le spectateur en plein désespoir. Dans ce lieu démoniaque, dont l'atmosphère rappelle celle du film culte *Evil Dead,* de Sam Raimi, il n'est pas question de mouvement calculé mais d'une danse folle, d'une chorégraphie désarticulée, presque d'une chute. Tout se passe en débordements frénétiques.

Plus loin, sur la musique intitulée *Mo 'N' Herb's Vacation*, Bickford fait le récit d'un monde sans loi, d'une violence sauvage, au cœur d'une décadence qu'on dirait post-nucléaire. La technique est toujours pauvre, mais elle contribue à l'impression de terreur qui vient sortir le spectateur de son confort. C'est le désordre présenté de manière désordonnée. Un monde infernal filmé clandestinement.

Sans faire de Bruce Bickford le grand cinéaste qu'il n'est pas, on doit admettre qu'il y a adéquation entre ce qu'il montre et la façon dont il le montre. Ne serait-ce que pour cela, ses réalisations bousculent les idées reçues quant à l'appréciation du mouvement en animation. On peut croire qu'un mouvement mieux maîtrisé, une animation plus fine, plus subtile, n'aurait pas nécessairement mieux servi le cinéaste.

Qu'on me comprenne bien, je ne veux surtout pas faire l'éloge de la mauvaise qualité technique. Cependant, une conception trop figée, trop perfectionniste de la technique nous amène souvent à côté de l'essentiel. L'art n'est surtout pas que l'expression d'un savoir-faire. De nombreux artistes modernes l'ont prouvé. Parmi ceux-là se trouve le peintre Barnett Newman, et la reproduction de son controversé *Voice of Fire* par un fermier canadien n'est qu'une preuve que ce débat est toujours actuel[11].

Prenons un autre exemple. Lorsque le Polonais Walerian Borowczyk réalise, en France, *Théâtre de M. et Mme Kabal*

---

11. En 1990, lorsque la Galerie nationale du Canada fit l'acquisition pour la somme de 1,7 million de dollars du tableau intitulé *Voice of Fire*, du peintre américain Barnett Newman, un mouvement de protestation s'éleva pour dénoncer le prétendu gaspillage de fonds publics. Le député conservateur Félix Holtmann prétendit alors que n'importe qui pouvait en faire autant «en dix minutes avec deux gallons de peinture et deux rouleaux». Un homme en fit la preuve en reproduisant le tableau à l'extérieur de sa maison.

(1967), il anime ses personnages d'un mouvement saccadé auquel répond une bande sonore faite de bruits secs, de bruits métalliques. Ici, la raideur du mouvement contribue à parfaire Mme Kabal dans son rôle de chipie mécanique s'adonnant à la chasse aux papillons avec une détermination insensible. L'imagerie tourmentée de Borowczyk, représentation d'un monde sans morale, affirmation de la défaite de l'humanisme, gagne en cohérence par cette conception brute du mouvement. *Théâtre de M. et Mme Kabal* est un film qui agresse le spectateur, qui le dérange. Le mouvement grinçant privilégié par Borowczyk y est pour quelque chose. Il n'évoque aucun confort, aucune facilité. Il est le résultat d'une logique implacable et sans concession.

De Borowczyk à Disney, en passant par Suzanne Gervais, UPA, Henry Selick et Tex Avery, la question du mouvement demeure la même : comment faire bouger les êtres de façon qu'ils expriment le mieux possible une idée du monde. Au cinéma d'animation, contrairement à ce que certains disent, la meilleure façon de marcher n'est pas toujours la même.

Le langage des lignes

Le trait est la parole, la signifiance du dessin animé.

Marie-Thérèse Poncet [1]

La ligne géométrique est un être invisible. Elle est la trace du point en mouvement, donc son produit. Elle est née du mouvement — et cela par l'anéantissement de l'immobilité suprême du point.

Wassily Kandinsky [2]

C'EST UNE ÉVIDENCE D'AFFIRMER QUE LA LIGNE, que le trait est l'une des bases du cinéma d'animation, du moins en ce qui concerne les techniques du dessin animé (qu'il s'agisse de dessin sur cellulo ou sur papier) et celles liées à l'animation sans caméra (la gravure et le dessin sur pellicule). Dans son important essai intitulé *Point et ligne sur plan*, le peintre et théoricien de l'art Wassily Kandinsky définit la ligne comme un élément secondaire par rapport au point, qui serait l'élément originaire de la peinture. Il écrit : « Le point est la première rencontre de l'outil avec la surface matérielle, le plan originel. [...] Par ce premier choc le plan

1. Marie-Thérèse Poncet, *L'esthétique du dessin animé*, Paris, Nizet, 1952, p. 200.

2. Wassily Kandinsky, *Point et ligne sur plan*, Paris, Gallimard, 1991, p. 67.

est fécondé[3]. » Cette définition, si irréfutable soit-elle sur le plan théorique, s'applique difficilement à la pratique du cinéma d'animation où la nécessité du mouvement implique la prédominance de la ligne. Ainsi, je crois que le cinéaste d'animation, contrairement au peintre, ne pense généralement pas en termes de composition à partir d'un point originel, mais plutôt en termes de mouvement à partir d'un premier trait. Kandinsky lui-même affirme que la ligne est née du mouvement, c'est-à-dire qu'elle est le résultat du geste premier du peintre qui, après avoir placé un point sur la surface, lui imprime un mouvement.

Or, tout trait n'est pas innocent. Je veux dire qu'on n'inscrit pas un trait innocemment. L'animateur doit savoir que tracer une ligne n'est pas un geste anodin, un geste que l'on peut poser en toute naïveté. Au contraire, dessiner une ligne, pour un cinéaste, est un acte lourd de conséquence. C'est par ce geste premier que l'animateur se situe dans l'histoire de son art, par ce trait qu'il choisit sa famille et qu'il signe son nom pour la première fois. La ligne, c'est un peu la profession de foi de l'animateur.

J'ai sans doute l'air de trop insister en abordant avec tant de sérieux un geste si élémentaire. Car, après tout, diront certains, une ligne est une ligne. C'est précisément à ceux-là, objecteurs de toutes sortes, que je m'adresse. Dire qu'une ligne est une ligne c'est manifester son ignorance, c'est refuser de voir l'évidence des différences.

Cela dit, si j'ai amorcé ce texte d'un ton si direct, c'est que je veux que l'on comprenne bien la première citation que j'ai placée en exergue. Elle résume en effet ma pensée à la perfection, et malheureusement il me semble que son auteure, Marie-Thérèse Poncet, laisse tomber cette phrase sans en mesurer l'impact, au milieu d'un court développe-

---

3. *Ibid.*, p. 29-30.

ment sur « la morale des lignes » (quel merveilleux titre !),
dans son ouvrage intitulé *L'esthétique du dessin animé.* C'est
un peu pour venger cette phrase que j'ai entrepris la rédaction de ces pages. Parce que pour bien comprendre les
choses, il faut souvent remonter à leurs constituants les plus
simples, ce qu'est le trait à l'animation. L'Italien Osvaldo
Cavandoli compte parmi ceux qui ont le plus directement
affirmé le caractère fondamental de la ligne en animation.
En effet, dans sa série intitulée *La linea* (1975-1984),
Cavandoli ramène le dessin animé à l'un de ses états premiers : une ligne unique évolue sur fond de couleur homo-
gène. Cette ligne, c'est le monde. Ou plutôt un homme à la
rencontre du monde. Avec une ligne, tout est là, tout est
dit. « Rien de trop, rien qui manque [4] », dirait Bresson.

Le Canadien d'origine écossaise Norman McLaren, bien
avant Cavandoli, a réalisé *Lignes verticales* (1960) et *Lignes
horizontales* (1961), deux films abstraits où des lignes s'agitent tour à tour lentement, puis rapidement. Par leur abstraction minimaliste, ces courtes réalisations font presque figure
de manifestes. Ici, le cinéma d'animation est lignes en mouvement. Par leur rigueur conceptuelle, ces films amènent à
réfléchir sur la nature des lignes et sur la manière dont on
les perçoit. *Lignes verticales,* en effet, composé de segments
de durée égale qui se succèdent pendant un peu plus de cinq
minutes, est dominé par la force gravitationnelle, par cette
impression de chute qui marquait déjà certains moments
de *Begone Dull Care* (1949). Il en résulte un sentiment de
perte de contrôle, d'improvisation, un sentiment d'aban-
don. *Lignes horizontales,* qui pourtant reprend les mêmes
images mais en les inversant à l'aide d'un prisme, procure un
tout autre effet. Ici, les lignes semblent maîtresses de leur

---

4. Robert Bresson, *Notes sur le cinématographe,* Paris, Gallimard, 1975,
p. 46.

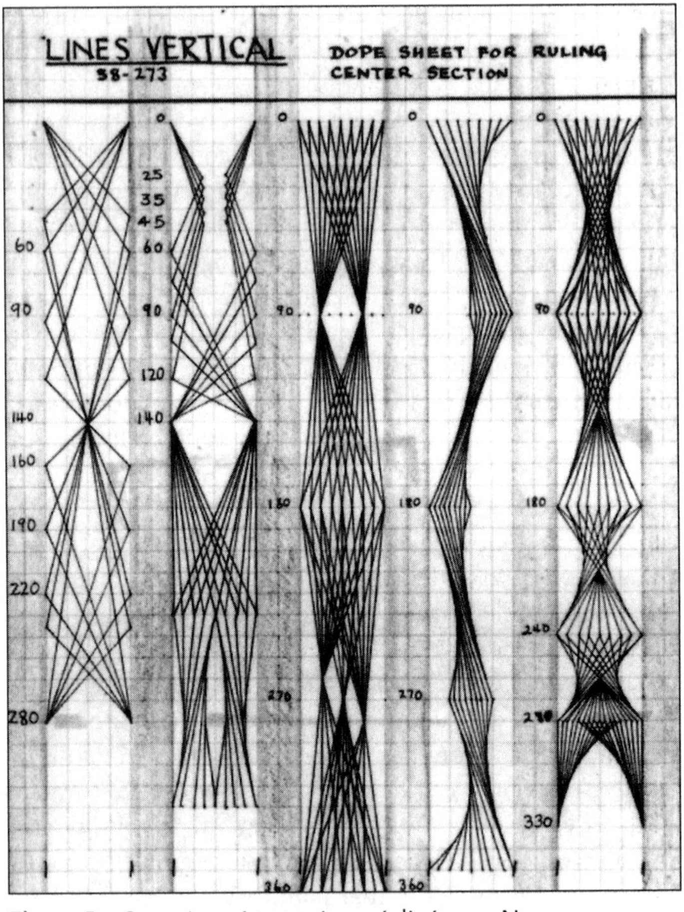

Figure 1 Croquis préparatoires réalisés par Norman McLaren pour le film *Lignes verticales*. Les chiffres apparaissant en marge indiquent le nombre de photogrammes. (Photo : ONF.)

mouvement, elles semblent en contrôle, animées par leur propre force. Ici, leurs croisements ne semblent plus l'effet du hasard mais plutôt celui d'une danse rituelle dont le sens précis demeure secret. Ce n'est plus une chute, mais une course. Avec ces deux expériences, McLaren a bien sûr affirmé l'importance de la ligne en animation, mais il a aussi montré avec une remarquable clarté comment une ligne pouvait prendre son sens par sa seule situation spatiale.

Cela m'amène à dire qu'affirmer, comme le fait Marie-Thérèse Poncet, que le trait est la parole du dessin animé suppose une seconde affirmation : le trait doit être caractérisé, qualifié. C'est-à-dire que, si le trait est une parole — donc un élément de langage —, il n'est pas indifférencié. C'est la condition primordiale pour qu'il soit intelligible. Ainsi, j'affirme qu'on peut caractériser le trait de plusieurs façons. Évidemment, on peut le caractériser en le mettant en rapport avec d'autres traits. Par exemple, c'est l'une des choses que l'on retient du travail de McLaren cité plus haut ; la situation spatiale d'un trait et les rapports spatiaux qu'il entretient avec d'autres traits (qui contribuent à former avec ce premier trait une même image) peuvent servir à le définir et, de cette façon, à orienter la lecture que le spectateur en fait. Car un même trait, selon les rapports qu'il entretient avec d'autres traits, peut avoir un sens différent. Le Néerlandais Paul Driessen, dans son film *Air!* (1972), offre un bel exemple de cela. Dans ce court métrage, une même ligne horizontale, située au beau milieu du cadre, prend plusieurs significations : elle est ligne d'horizon, puis fil tendu dans l'espace, puis surface de l'eau. C'est l'apparition d'autres éléments graphiques qui donne son sens à cette ligne. Dans le cinéma de prises de vues réelles, il est rare que les éléments graphiques voient ainsi leur finalité de représentation se modifier. On trouve à peine quelques exemples, ici et là, comme ce bref moment de *Performance*,

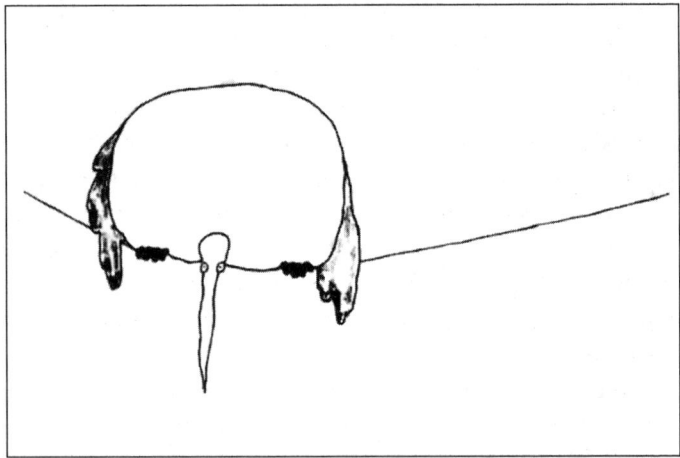

Fig. 2 et 3 Dans *Air!,* de Paul Driessen, une même ligne
horizontale, située au milieu du cadre, prend
plusieurs significations : elle est la surface de
l'eau, puis le fil tendu dans l'espace sur lequel un
oiseau vient se percher. (Photos : ONF ; coll. *24
images.*)

de Nicholas Roeg et Donald Cammell, où une montagne rocailleuse devient grâce à un changement d'éclairage et de point de vue, le mamelon d'une femme. En animation, cependant, de tels effets sont monnaie courante. Qu'on pense aux associations corps/paysages mises de l'avant par deux cinéastes de l'Office national du film du Canada, Clorinda Warny (dans *Premiers jours*, 1980) et Suzanne Gervais (dans *Climats*, 1975).

Conscient du rôle de la ligne en animation, Paul Driessen va même jusqu'à la prendre pour objet. La place qu'elle occupe dans *Air !*, ou encore dans *Au bout du fil* (1974), tient d'ailleurs presque du fétichisme. Comme le dit Stéphane Drolet : « La ligne est pour Driessen l'essence et le moteur de son art. La ligne est mystérieuse. On ne sait pas vraiment d'où elle vient et où elle va. Il affirme lui-même qu'il ne sait jamais où elle va l'emmener[5]. »

Driessen apparaît donc comme le cinéaste par excellence de la ligne. Et cela, pour plusieurs raisons. D'abord, misant sur son passé de caricaturiste, Driessen fait de la ligne l'élément clé de son style graphique. Il préfère la ligne aux surfaces, le trait aux volumes, la force expressive d'un seul coup de crayon au pouvoir d'évocation d'imposantes masses colorées. Ensuite, la ligne, le trait peut même, chez lui, devenir l'élément déclencheur d'un scénario. C'est le cas dans *Au bout du fil*, film remarquable où le cinéaste prend au pied de la lettre les expressions « fil conducteur » et « ligne directrice ». Ainsi, dans cette œuvre, le fil d'araignée devient la base de l'argument et tisse un lien entre une série d'événements en apparence sans rapport les uns avec les autres. Jouant du hors-champ de façon résolument

---

5. Stéphane Drolet, « Le ridicule a le droit de tuer », *24 images*, n° 43, été 1989, p. 42.

moderne, Driessen s'amuse avec brio du mystère du trait, créant un véritable suspense quant à sa signification, puisqu'il refuse pendant de longues secondes au spectateur le droit de voir les éléments graphiques complémentaires qui donneront à la ligne son sens définitif. Enfin, Driessen se sert de la ligne et de ses caractéristiques intrinsèques pour créer une tension graphique qui vient compléter la tension dramatique. Dans l'univers absurde de mises en abîmes que construit le cinéaste, la ligne est accidentée, on la dirait tracée d'une main malhabile. Et c'est justement la précarité de cette ligne, la façon dont elle affirme sa difficulté à représenter qui fait d'elle la dépositaire d'une incertitude habitant l'ensemble du récit.

Cela m'amène d'ailleurs au point suivant: la ligne doit être caractérisée par elle-même. Il y a les traits courbes, francs et rapides, qui enveloppent et rassurent, qui fascinent par leur anesthésiante douceur et par leur incessant mouvement spirale. On aura reconnu ici les traits tout en cercles qui caractérisent l'animation de Disney et qui contribuent à ce fameux style en « O » de la maison. Ces lignes imposent une idée d'harmonie, de fluidité et de souplesse, idée qui est au centre des préoccupations disneyennes. Ces lignes, alliées au mouvement agile et continu dont Disney s'est fait le promoteur[6], sont un peu l'équivalent de la lumière *high key* omniprésente dans la comédie américaine. On sait que dans la comédie, l'éclairage abondant et dédramatisé évoque le bien-être confortable du mode de vie américain. Il prédispose donc le spectateur au divertissement. De la même façon, chez Disney, le mouvement et les traits éliminent toutes les aspérités pour ainsi mieux emporter l'adhésion du spectateur.

---

6. Voir l'essai intitulé « Lève-toi et marche ! », p. 42.

Il suffit de jeter un coup d'œil à la moindre production Disney pour se laisser convaincre de la domination des traits courbes. *Fantasia* (Ben Sharpsteen, 1940), par exemple, est riche de séquences éloquentes. On pourrait citer le morceau réalisé sur la musique de *L'apprenti sorcier* de Paul Dukas, mais l'omniprésence de l'élément aquatique dans cette histoire de porteur d'eau semble exiger la présence de traits tourbillonnants et, de ce fait, permettrait à certains d'affirmer que dans ce cas la forme du trait est davantage dictée par le sujet que spécifique à Disney. Il est donc préférable, pour la clarté de la démonstration, de s'attarder à des segments où la domination de la courbe ne va pas de soi. Il suffit d'être d'abord attentif au premier mouvement de *Fantasia*, la *Toccate et fugue en ré mineur* de Jean-Sébastien Bach, pour constater à quel point les formes abstraites, inspirées par les travaux de l'Allemand Oskar Fischinger, sont le plus souvent ramenées à l'état d'arcs de cercle ou de spirales. Quand les traits restent droits, c'est souvent leur agencement ou encore les mouvements d'ensemble qui suggèrent l'idée de courbe. Il suffit encore de s'attarder à l'illustration qui est faite du *Sacre du printemps*, de Stravinski, où la violence des éléments naturels (éruptions volcaniques, tremblements de terre, etc.) est sans cesse désamorcée par les trajectoires courbes et spiralées des coulées de lave et des chutes de pierres. Sauf lors d'un très court moment d'apothéose précédant la finale, Disney ne va pas exacerber cette violence par l'usage de traits cassants, de trajectoires directes et de pointes menaçantes. Le graphisme, comme le mouvement, aura le plus souvent pour effet d'atténuer la sauvagerie des événements inspirés par la musique.

À l'opposé des traits dominants chez Disney, mais partageant la même assurance et la même rapidité, il y a les traits directs et simples, traits dont la rectitude est presque affaire de morale. Traits qui se croisent en angles plus ou moins droits, traits certains qui témoignent tantôt de la sûreté du cinéaste dans la conduite du récit, tantôt de la pureté de ses intentions. Ce sont ces traits qui marquent plusieurs films d'UPA (United Productions of America), traits stylisés certes, mais traits symbolisant le refus des concessions de leurs auteurs, leur assurance artistique et la franchise de leurs intentions. Traits qui apparaissent comme une provocation tant ils s'opposent à l'esthétique disneyenne. Traits qui projettent une image plutôt froide et rigoureuse de la modernité, qui assument leur parenté avec la peinture contemporaine, de Paul Klee à Mondrian, en passant par Picasso.

Il suffit d'être attentif aux décors du troublant *The Tell-Tale Heart* (1953), de Ted Parmelee, pour se rendre compte qu'avec leurs droites, leurs motifs anguleux et leurs lignes brisées, ils sont dépositaires à la fois de la thématique du film et de la philosophie de l'entreprise. On retrouve aussi ces lignes pures et rigides dans cet autre classique d'UPA qu'est *Rooty Toot Toot* (1952), de John Hubley, à travers la facture des dessins de fond[7] mais aussi à travers l'allure de personnages comme Frankie, Nelly et le juge. Pensons encore à la stylisation de *Madeline* (1952), de Robert Cannon, avec ces fillettes se déplaçant dans Paris en formant « *two straight lines*[8] ». Et je pourrais continuer en citant *Fudget's Budget* (1954) et *Ballet-Oop* (1954), deux autres réalisations de Robert Cannon, ou encore plusieurs épisodes de la série mettant en vedette Mr. Magoo.

Bien sûr, on ne peut restreindre l'esthétique mise de l'avant par les animateurs d'UPA à l'utilisation de la ligne droite, cela même si ce genre de trait a pris une valeur de

---

7. L'expression «dessins de fond» désigne les dessins constituant le décor.

8. Traduction: « deux lignes droites ».

Fig. 4 et 5 Tandis que chez Disney on privilégie la ligne
courbe, les animateurs d'UPA favorisent
l'utilisation de la ligne droite. On en a un bel
exemple en comparant une image de *Peter Pan* de
Disney (en haut) et une autre de *Rooty Toot Toot*,
l'un des classiques d'UPA (en bas). (Coll.
Cinémathèque québécoise.)

manifeste dans la querelle idéologique qui opposait Stephen Bosustow et ses acolytes à Disney[9]. Ainsi, *Gerald McBoing Boing* (1951) et *Christopher Crumpet* (1953), de l'incontournable Robert Cannon, offrent un étonnant mariage de droites et de courbes. Car, comme l'indique Robert Benayoun:

> Une soif non ascétique de simplicité efficace, une fringale outrée de rigueur allait les pousser à animer les solutions les plus pures du graphisme contemporain. Ils savaient que la ligne droite est le plus court chemin d'un point à l'autre, mais que Saul Steinberg ne se presse jamais. Le trait original de l'imperturbable Roumain pouvait, au besoin, verser dans l'arabesque tortueuse, dans la circonvolution linéaire la plus machiavélique, voire dans un pointillisme d'adoption. L'UPA choisit donc d'adopter dans chaque cas la formule la plus simple, mais en même temps la plus renouvelable[10].

Autre grande figure du cartoon américain, Tex Avery, dans plusieurs de ses courts métrages (*Swing Shift Cinderella*, 1945; *Little Rural Red Riding Hood*, 1949; etc.) joue de l'opposition entre lignes droites et lignes courbes de façon schématique mais efficace. Ainsi, il associe la ligne droite à l'élément masculin, en l'occurrence le loup, et la courbe à l'élément féminin, en l'occurrence la jeune fille. Tout le réseau de connotations sexuelles qu'il installe repose sur la confrontation entre la droite et la courbe. D'un côté, le mâle masturbateur en érection est formé de droites verticales évoquant à la fois vitesse et agressivité, de l'autre la femelle aguichante se résume à un amoncellement de courbes qui d'un même élan attirent et perdent malicieusement le regard,

---

9. J'ai déjà expliqué, dans l'essai précédent, qu'UPA était né de la dissidence de certains employés de Disney.

10. Robert Benayoun, *Le dessin animé après Walt Disney*, Paris, Jean-Jacques Pauvert Éditeur, 1961, p. 19-20.

dans une captivante confusion. Quand il dessine un mâle et une femelle, Avery oppose le chemin le plus court à celui le plus long. Voilà qui dit tout sur la désopilante guerre des sexes qu'il met en scène.

Tenant à la fois de l'une et de l'autre des catégories de lignes déjà décrites, le trait du Russe Fyodor Khitrouk, dans *Le lion et le taureau* (1983), exprime la souplesse, la force et la fierté des animaux du titre. L'animateur, d'un coup de pinceau énergique, trace des lignes aux courbes pleines, lignes aux extrémités effilées et au centre large dans lesquelles se lit la force, le tonus des bêtes. L'histoire racontée par le film est simple : entraîné dans un absurde règlement de comptes par l'hyène, le lion met le taureau à mort avant de se rendre compte qu'il a été victime de manipulation. Impossible de ne pas voir la métaphore politique — comme c'est souvent le cas chez les animateurs de l'ancien bloc de l'Est — dans cette œuvre qui dénonce les êtres sournois dont le sombre travail amène les grands à s'affronter.

Impossible aussi de ne pas faire une lecture politique de l'admirable *Cheval* (1967), du Polonais Witold Giersz. Encore une fois, il s'agit de traduire la fierté animale, sa grandeur. Peintre plus que dessinateur, Giersz y va de coups de pinceau puissants, au bord de la brutalité, juxtaposant les traits épais qui donnent à l'ensemble une texture sauvage. La bête est là, altière, presque sculptée dans la couleur. Par sa maîtrise de la technique d'animation de la peinture à l'huile, Giersz donne au cheval une remarquable présence. Chaque petit geste de l'animal oblige le cinéaste à retoucher toute une section du dessin, ce qui fait l'effet d'un véritable système musculaire, puisque le mouvement d'un nerf, d'une ligne, a un effet sur tous les traits qui l'entourent. Dans le film de Giersz, le cheval s'impose, indomptable, et résiste courageusement à ceux qui cherchent à le domestiquer. Ces traits orgueilleux sont un véritable geste de défi, un hommage à la liberté, donc à l'insoumission.

Poursuivant de toutes autres fins que ces traits sûrs et vigoureux, il y a les traits incertains d'un Driessen, traits au bord de la rupture, traits fragiles et oscillants qui, on l'a déjà dit, génèrent une angoisse s'ajoutant à celle d'une thématique quasi kafkaïenne. La vision du monde de Driessen, un monde perdu, proche de l'éclatement *(Air!; The Killing of an Egg*, 1977), monde violent où les massacres laissent indifférents *(Au bout du fil; The Writer,* 1989), où la mort n'a plus de charge émotive *(Au bout du fil),* où la résignation est le lot de tous *(Une histoire comme une autre,* 1981), monde sans espoir porté par une douce entropie, par une lente et irréversible désagrégation, cette vision du monde se résume dans un seul trait vacillant, dans un seul trait qui semble n'avoir ni début ni fin, trait presque accidentel qui prend place dans un immense rien, trait issu du néant et condamné à y retourner.

Ce trait fragile et sensible pourrait évoquer celui que l'on retrouve dans le cinéma du Canadien Pierre Hébert. Cependant, un regard attentif sur l'œuvre de ce dernier cinéaste oblige à y qualifier le trait tout autrement. D'abord, sur le plan technique, Hébert grave la pellicule et ne dessine pas. Or, le trait gravé n'est pas une addition mais une soustraction. Il est, par définition, une rupture ; déchirure dans l'émulsion de la pellicule, cicatrice, trace violente et imprécise, segment de lumière arraché à l'obscurité. Viviane Elnécavé, dans *Luna, luna, luna* (1981), réalisé comme les films d'Hébert à l'Office national du film du Canada, a bien exploité cette dernière caractéristique du trait gravé. Expérimentant une technique originale consistant à graver directement sous la caméra des cellulos noircis à la gouache, elle fait apparaître de petites créatures magiques dans la nuit, sous la lumière tremblante de la lune. Ici, le trait est brisure dans l'enveloppante noirceur, révélation d'une présence furtive et jusque-là insoupçonnée.

Mais, revenons à Pierre Hébert. De la violence du trait gravé, il ne cesse de jouer. Tantôt il l'exacerbe dans des images guerrières dénuées de séduction, images qui rendent justice à l'horreur qu'elles représentent parce qu'elles agressent : leurs lignes pleines de pointes, pleines de défauts grossis des milliers de fois par la projection, lignes instables et qui se meuvent brusquement sont l'antithèse du style en « O » de Disney. Elles sont, en soi, pleines de violence. Par elles, la guerre n'est plus spectacle ; elle est perçue comme une agression. Le spectateur qui reçoit ces images n'a d'autre choix, devant le caractère primitif de ces traits, devant leur force brute et leur refus de se soumettre à toute forme de beauté naturaliste, ce spectateur, donc, n'a d'autre choix que de rester à distance, que de réfléchir à la portée de ces images à mesure qu'il les ressent. Voilà en partie pourquoi *Souvenirs de guerre* (1982) est l'une des œuvres antimilitaristes les plus accomplies qui soient, à placer à côté des *Carabiniers* de Godard, autre film qui par sa morale intransigeante renvoie au spectateur un portrait de la guerre dans toute son abjection, un portrait de la guerre où l'horreur n'est jamais récupérée par le spectaculaire. Le travail dramaturgique de Pierre Hébert, qui s'élabore autour d'une conscience aiguë des attributs de la ligne gravée, ne laisse place à aucune ambiguïté quant à ses intentions.

Ailleurs dans son œuvre, Hébert joue en contrepoint la violence de ses images. Il la met en rapport avec des scènes tendres, des mots doux, une musique émouvante, comme par exemple dans *La lettre d'amour* (1988). D'autres fois, donc, Hébert mise sur la maladresse évidente de ses traits (la technique qu'il utilise est l'une des moins contrôlables) pour faire jaillir l'émotion. Ces lignes brisées évoquent la fragilité des êtres, elles laissent soupçonner le tourment, la nostalgie, l'angoisse et même, parfois, le désespoir. Dans *La lettre d'amour*, ce sont les hésitations et l'errance du personnage qui sont traduites par ces traits sans assurance, qui semblent se former pour se désarticuler aussitôt. C'est la friabilité d'un monde intérieur, un monde imaginé, rêvé, un monde fait de présent et de souvenirs, d'appréhension et de désir, de quotidien et d'idéal que contiennent ces lignes, un monde qui va de la précision au flou, d'un état d'âme à un autre.

Autre graveur sur pellicule, Norman McLaren a lui aussi senti l'importance du trait, comme on l'a déjà dit à propos de *Lignes verticales* et de *Lignes horizontales*. *Blinkity Blank* (1954), l'un de ses chefs-d'œuvre, semble d'ailleurs avoir été réalisé dans le seul but d'exploiter le caractère explosif du trait gravé. Dans ce film, le jaillissement rapide et brutal du trait lumineux, le scintillement des lignes qui sont celles d'une technique qui, par définition, en est une de haut contraste, sont mis à profit. Il en résulte un court métrage qui ressemble davantage à un feu d'artifice, à une pétarade narrative qu'à ce à quoi le cinéma nous avait habitués auparavant. Rien d'étonnant à ce que le film ait remporté la Palme d'or du court métrage au festival de Cannes car, pour reprendre l'exclamation lancée par Picasso après le visionnement de *Hen Hop* (1942) de ce même McLaren : « Enfin, quelque chose de neuf dans l'art du dessin ! »

Autre cinéaste privilégiant l'expérimentation technique, autre cinéaste ayant réalisé l'essentiel de son œuvre à l'Office national du film du Canada, Caroline Leaf est aussi à classer parmi les artistes de la ligne incertaine. À ce chapitre, *The Street* (1976), adaptation d'une nouvelle de Mordecai Richler dominée par l'emploi de la périlleuse technique de la peinture sur verre, est un film exemplaire. Les traits larges et raboteux qui dessinent les contours des personnages rappellent certains Cézanne ou certains Braque. Ils ont cepen-

Figure 6   Dans *Blinkity Blank,* Norman McLaren a exploité le
caractère explosif du trait gravé directement sur la
pellicule. (Photo : ONF.)

dant ici une fonction bien particulière, celle d'offrir un écho
aux propos du narrateur qui évoque ses souvenirs d'enfance. Ici, le trait grossier offre un équivalent à l'imagerie
enfantine, il vient renforcer le regard naïf du petit garçon
sans pour autant pasticher bêtement l'esthétique du dessin d'enfant.

On remarque aussi des traits larges autour des personnages du Polonais Jan Lenica. Le critique Robert Benayoun
dira d'ailleurs, à propos du travail d'affichiste de Lenica :
« Il brode des potlatchs inoubliables, d'un cerne noir inimi-
table, qui évoque Rouault désacralisé [11]. » On retrouve cet
épais cerne noir autour des personnages de *Monsieur Tête*
(1959) ou encore d'*Ubu et la grande gidouille* (1979), trait
qui non seulement donne forme aux êtres et aux choses,

---

11. Robert Benayoun, « L'anthropométrie fantastique de Lenica »,
mica, Paris, Centre Georges-Pompidou, 1980, p. 15.

Figure 7   Le large cerne qui entoure les personnages de
Monsieur Tête, de Jan Lenica, désigne les
personnages en plus de leur donner une forme.
(Coll. Cinémathèque québécoise.)

mais aussi les désigne. Ce trait encercle, marque, donne aux
personnages une valeur exemplaire. Si, comme l'expliquait
Jarry, Ubu est le double ignoble dans lequel le public refuse
de se voir, Jan Lenica l'affirme avec insistance par son trait
lourd. Chez lui, Ubu prend toute sa dimension de dépositaire de l'imbécillité, de l'avidité et de la couardise du
monde. Dans *Monsieur Tête*, le médiocre petit employé du
titre a l'ambition d'appartenir à la haute société. Il y perdra
toute individualité pour devenir « un bourgeois modèle,
un bourgeois plein de sagesse et de vertu » avec « la tête de
n'importe qui ». Dans cette charge satirique d'une remarquable efficacité, Lenica élève ses personnages au rang de
symboles. La réception mondaine qui est au cœur du film
— et où on croque littéralement des bijoux — annonce à
cet effet certains morceaux de bravoure de l'œuvre de
Godard, comme la réception qui ouvre *Pierrot le fou*, où

chacun s'exprime par des formules publicitaires. Par son trait si caractéristique, Lenica ne laisse planer aucun doute quant à la nature de ses caricatures. Il refuse toute prétention naturaliste et ramène ses personnages au rang d'idées. Monsieur Tête n'est pas un homme mais une image de l'homme. Toute la différence est là.

On voit donc, comme je le soulignais plus tôt, que toute ligne n'est pas innocente. Que chaque ligne est ressentie par le spectateur dans son élan d'ensemble comme dans ses moindres aspérités, dans ses moindres changements de trajectoire. Il y a autant de lignes que de visages humains, pourrais-je dire, pour doter mon discours d'une touche d'anthropomorphisme. Toutes sont différentes. Toutes ont leur personnalité. Faire l'expérience du cinéma d'animation, c'est un peu faire celle des lignes. Voilà ce que nous dit Marie-Thérèse Poncet dans la phrase citée en exergue à cet essai. C'est effectivement de la ligne que naîtra le mouvement, de la ligne que les corps prendront forme et par la ligne que le récit sera porté. En animation, tout commence par une ligne.

« Le trait est la parole, la signifiance du dessin animé. » Je m'arrête ici, avec le cœur léger de celui qui a assouvi sa vengeance. Que voulez-vous, les petites phrases aussi ont leur honneur, qu'il faut parfois défendre par les armes.

Figures de la métamorphose

De toutes les figures présentes en animation, la métamorphose est sans doute celle qui lui est la plus singulière. En effet, le caractère synthétique du cinéma d'animation offre à l'artiste la possibilité de tout transformer — les êtres autant que les choses — sans que cela implique la moindre surenchère de moyens.

Dès les origines de l'animation, la métamorphose s'est imposée comme une figure expressive dominante. Le charme de *Fantasmagorie* (1908), du Français Émile Cohl, réside en effet surtout dans la façon dont les formes se modifient devant le spectateur à des fins purement fantaisistes. D'emblée, ce film impose l'idée qu'en animation, non seulement les images bougent, mais elles se transforment. On remarque de semblables effets chez l'Anglais James Stuart Blackton *(Humorous Phases of Funny Faces,* 1906) et l'Américain Winsor McCay *(Little Nemo,* 1910), ces autres pionniers du cinéma image par image. Dans ces films primitifs, l'idée de transformation confère un caractère magique au cinéma d'animation, puisqu'elle renvoie à l'un des ressorts fondamentaux de la prestidigitation, où depuis des siècles on change les bâtons en foulards, les balles en colombes et les jolies assistantes en lapins.

Cette prépondérance de la métamorphose en animation n'a rien d'étonnant. En effet, l'accès à cette figure est en quelque sorte l'avantage offert par l'absence de corps réel, par l'absence de matérialité. C'est tout simplement une forme de compensation. Que les premiers animateurs aient saisi cette opportunité s'explique aisément puisque, à l'origine, le dessin animé ne pouvait aspirer, même de manière approximative, au réalisme de la prise de vues réelles. L'intérêt du dessin animé résidait justement dans la possibilité qu'il offrait de jouer avec les formes.

Puisque faire bouger un dessin, même de façon minime, c'est le transformer, le cinéaste est tout de suite placé sur la voie de la métamorphose. Lorsque, dans *Little Nemo*, Winsor McCay fait apparaître ses personnages pour ensuite les étirer et les écraser alternativement, comme s'ils étaient soumis au jeu d'un curieux miroir déformant, il ne fait pas autre chose qu'affirmer les nouvelles possibilités que lui offre l'absence de corps réels. Dans ce cas précis, ce jeu avec les masses et les formes semble même remplacer toute autre volonté de mener un récit à terme. On sait, en effet, que *Little Nemo* se limite à de brefs numéros exécutés par les personnages que McCay avait rendus célèbres dans sa bande dessinée *Little Nemo in Slumberland*.

La facilité avec laquelle le cinéaste d'animation peut utiliser la métamorphose est à l'origine d'entreprises comme celle de l'Américain Will Vinton qui, dans *The Great Cognito* (1982), visualise à l'aide de pâte à modeler la performance vocale d'un imitateur qui, seul sur scène, monologue sur la Seconde Guerre mondiale. De Hitler à John Wayne, en passant par les principaux généraux américains, l'acteur se métamorphose constamment, au fil des gags. Remarquable sur le plan technique, le travail de Vinton expose cependant très vite sa limite, puisque l'intérêt d'un numéro d'imitations réside justement dans le fait qu'un seul corps puisse faire toutes ces voix. Privé de ce corps, le numéro perd sa raison d'être. Ce pourrait être un trucage, le montage de plusieurs voix, ce qui n'a plus rien d'amusant ni de spectaculaire. Reste donc une démonstration de savoir-faire représentative des possibilités offertes par l'animation.

Au cinéma de prises de vues réelles, la métamorphose a pratiquement toujours été associée au genre fantastique, donc à un cinéma qui entretient des rapports problématiques avec le réel, un cinéma où il s'agit de mettre en cause les apparences et de repousser les limites du vraisemblable. Au début des années 1980, par exemple, des films comme *An American Werewolf in London,* de John Landis, ont été mis en marché précisément en vantant la capacité des techniciens en effets spéciaux de rendre plausible la métamorphose d'un homme en loup, sans ellipse ni coupure. Plus tard, l'utilisation de l'infographie dans les longs métrages de fiction et l'apparition de logiciels performants ont permis de faire de la métamorphose une figure clé du cinéma de science-fiction. Pensons à *Terminator II,* de James Cameron, qui fut probablement le premier film à en faire un usage systématique. La présence de plus en plus importante de la métamorphose dans le cinéma de fiction correspond donc à l'inclusion de l'animatique, donc d'une forme réaliste d'animation, dans ces films. Grâce à l'animatique, on peut, avec de remarquables effets de réel, métamorphoser un visage en un autre, comme on le fait dans *Terminator II* ou dans *Black or White,* le vidéoclip réalisé par John Landis pour le chanteur pop Michael Jackson (cette dernière œuvre, grâce à une stratégie médiatique très efficace, a

d'ailleurs largement contribué à populariser ce genre
d'effets spéciaux).

Lorsqu'on étudie la façon dont les cinéastes d'animation font usage de la métamorphose, on se rend compte
qu'il n'est pas question de lui donner systématiquement
une connotation fantastique. Cet usage diffère donc de celui
qu'on en fait dans le cinéma de prise de vue réelle. En animation, la métamorphose est d'abord et avant tout une
figure du temps, un effet du temps davantage que du mouvement. C'est que la métamorphose suggère à la fois le
changement et la permanence. Permanence d'un corps (*La
faim* de Peter Foldès, 1973; *Dolorosa* de Michèle Cournoyer,
1989; *Le paysagiste* de Jacques Drouin, 1976) ou d'un lieu
(*Là-haut sur ces montagnes* de Norman McLaren, 1945)
soumis au passage du temps.

La faim, réalisé à l'Office national du film du Canada
par un cinéaste d'origine hongroise, constitue un excellent
exemple de cette tension entre le changement et la permanence. Dans ce film, le récit progresse par métamorphoses
successives, à l'image des transformations affectant le personnage central qui ne cesse de grossir à mesure qu'il
consomme goulûment. Le parti pris de la métamorphose,
allié à une trame musicale angoissante et à l'aspect froid et
calculé du mouvement informatisé (*La faim* est l'un des
premiers exemples concluants d'animation assistée par
ordinateur), accentue le caractère systématique et inéluc-
table de l'évolution du personnage, chaque action étant le
résultat graphique de la précédente, chaque décor étant issu
d'un autre décor ou du personnage lui-même. C'est que
La faim raconte une transformation, celle d'un homme
d'affaires svelte qui à force de s'empiffrer devient un être
obèse qui sera, dans une scène cauchemardesque, dévoré
par les victimes de sa surconsommation. Tout au long de
son récit, Foldès exploite la métamorphose dans cet esprit

Figure 1   *La faim,* de Peter Foldès, raconte la transformation d'un homme d'affaires svelte qui, à force de s'empiffrer, devient un être obèse. Le cinéaste utilise la métamorphose pour créer des images fortes qui sont autant de collages surréalistes. Sur cette photo, une jeune femme devient un cornet de glace qu'on lèche. (Photo : ONF.)

de continuité (l'homme qui se transforme pendant toute la durée du film) mais aussi à des fins purement expressives. C'est ainsi qu'il assume la part de monstruosité qu'implique la métamorphose pour créer des images fortes qui sont autant de collages surréalistes. On pense notamment à celle où la tête de l'homme devient une pelle mécanique qui broie tout sur son passage, à celle où l'homme et l'automobile en viennent à ne faire qu'un, ou encore à cette séquence où une jeune femme devient un cornet de glace qu'on lèche puis une montagne de casseroles qu'on laisse tomber.

Je dis *monstruosité* parce que la métamorphose, en offrant à voir des images faites de formes siamoises, est aussi un territoire d'angoisse. Entre deux formes distinctes et convenues, il y a le difforme. Et avec ses assemblages contre nature, avec la façon dont elle permet d'insister sur les états intermédiaires qui peuvent marquer le passage d'un objet à un autre, d'un corps à un autre, la métamorphose ouvre la porte à une mise en cause du réel. Nous voilà donc revenus dans une zone proche du cinéma fantastique et de l'usage que ce genre réserve à la métamorphose. Cependant, on ne peut associer directement *La faim* à ce genre. En fait, le film de Foldès ne se laisse réduire à aucun genre, il développe sa propre dynamique. Le rapport au réel qui en découle est d'ailleurs tout à fait singulier, celui d'une bien étrange fable à la morale grinçante.

Dans *La faim*, on constate qu'à l'intérieur des segments déjà cités, où Foldès s'amuse à tresser les images, la métamorphose confine à la métaphore. C'est-à-dire que dans ces segments, le passage d'une forme à une autre implique d'abord et avant tout l'idée de rapprochement, de transposition. Vous avez une jeune femme, puis un cornet de glace. Il est clair que ce qui importe ici à Foldès, c'est de ramener l'un à l'autre. Dans un tel cas, la seconde forme se subordonne habituellement à la première, elle la caractérise, elle lui permet de se révéler, elle lui donne un sens nouveau : *La faim* présente donc la femme-cornet et la femme-casserole, ou encore l'homme-pelle mécanique. L'image de l'homme et celle de la femme sont commentées par l'ajout d'une seconde image. On retrouve ce genre de travail chez la Canadienne Michèle Cournoyer pour qui, lorsqu'une femme devient une fleur *(Dolorosa)* ou encore une poule *(La basse-cour,* 1993), ce ne sont pas deux images qui se succèdent mais plutôt deux formes qui expriment une idée unique. Là encore il s'agit véritablement de télescoper, de lier deux images par une sorte de geste surréaliste qui fera naître le sens. *Dolorosa*, à ce chapitre, pourrait être comparé à un haïku, ces petits poèmes japonais de trois vers axés sur une observation directe de la vie. En effet, ce film d'un peu plus de quatre minutes est l'illustration littérale et attentive d'une métaphore simple, celle du flétrissement du corps. À l'aide de lignes pures auxquelles s'ajoutent quelques légères zones d'ombre, Cournoyer montre une femme vieillissante qui perçoit son corps comme une fleur qui se fane et pour qui la jeunesse est fugitive comme le temps d'une rose. Fragile, la métaphore pourrait tomber à plat mais elle tient grâce à la finesse du ton et à la qualité du trait qui, à cause de l'emploi de la rotoscopie[1], semble doué d'un véritable tonus musculaire et donne au personnage une indéniable présence physique. En quelques secondes à peine le personnage s'impose, troublant dans son désarroi, sa révolte et sa nostalgie. Le sentiment de dépérissement est fort et l'angoisse de cette femme presque palpable, douloureuse. Ici, la métamorphose qui transforme la femme en fleur semble relever d'un processus d'intériorisation qui permet à la cinéaste d'illustrer l'état d'âme du personnage, un peu comme les décors et les maquillages expressionnistes cherchaient à donner un équivalent plastique aux tourments intérieurs des protagonistes.

La basse-cour procède autrement, sur un mode plus complexe et plus secret. Ici, impossible de parler d'intériorisation. Si dans *Dolorosa* la femme se voit en fleur, si elle se perd dans ses pensées et se souvient de sa jeunesse envolée, *La basse-cour* résiste à l'interprétation (ce qui n'est pas sa moindre qualité) en n'offrant pas au spectateur la clé qui permettra de figer définitivement son sens. Un peu comme

---

1. La rotoscopie est une technique par laquelle l'animateur redessine des images préalablement filmées en prises de vues réelles.

Figure 2   Livrée à un homme dans une boîte, une femme réapparaît sous la forme d'une poule prête à être plumée, dans *La basse-cour*, de Michèle Cournoyer. (Photo : ONF.)

La faim, La basse-cour propose un monde qui tend vers l'onirisme, mais qui ne s'y laisse pas enfermer.

Une femme dort, reçoit un appel téléphonique, puis est amenée à la chambre d'un homme dans une voiture qui lui roule sur le corps. Livrée à l'homme dans une boîte, elle en sort sous forme de poule prête à être plumée. L'homme s'exécute, arrache à la femme-poule sa parure, puis regarde curieusement sa chair nue sur la table, qui s'anime en quelques soubresauts désespérés. Encore une fois, Cournoyer utilise la rotoscopie pour donner forme à sa fable crue et troublante. Encore une fois, le territoire exploré est celui du corps. Encore une fois, on y avance à coups de métamorphoses, à coups de métaphores.

Le cartoon américain fera aussi grand usage de la métamorphose à des fins métaphoriques. C'est le pied du loup qui devient une saucisse après avoir été brûlé dans *Blitz Wolf* (1942) de Tex Avery. Ce sont les pieds d'une grosse Bretonne qui se changent en chiens dans *Betty in Blunderland* (1934) des frères Fleischer. C'est Bugs Bunny qui se transforme en âne après avoir été déjoué par le *gremlin* dans *Falling Hare* (1943) de Bob Clampett. Enfin, c'est un naufragé grassouillet qui se transforme en hamburger fumant sous le regard affamé de son compagnon d'infortune dans *Wackiki Wabbit* (1943) de Chuck Jones.

La technique de l'écran d'épingles repose en grande partie sur les possibilités offertes par cette figure. En effet, la lourdeur de cette technique incite l'animateur à transformer progressivement une image plutôt qu'à la remplacer par une autre. La difficulté de l'écran d'épingles amène notamment le cinéaste à privilégier un point de vue fixe (et ainsi à restreindre la simulation de mouvements de caméra : travellings, panoramiques, etc.) pour miser davantage sur la modification progressive de l'image. Le Français d'origine russe Alexandre Alexeieff offre un bel exemple de cela dans son adaptation de la nouvelle de Nicolas Gogol, *Le nez* (1963), lorsqu'il fait glisser les murs d'une maison pour laisser apparaître l'activité de la rue, créant ainsi un surprenant télescopage spatial. Cette manière audacieuse de raccorder deux espaces est donc induite par la technique qu'Alexeieff utilise. Elle domine toute la construction du film, son organisation temporelle et spatiale, et contribue à traduire cinématographiquement l'atmosphère mystérieuse qui imprègne le récit de l'écrivain russe.

Cet usage de la transformation, ces changements constants, ajoutés au pointillisme de la technique, font de l'écran d'épingles le lieu d'une animation où les corps semblent fragiles, toujours sur le point de s'évaporer, de se dissoudre pour permettre à quelque chose d'autre de se matérialiser. C'est cela qui donne à l'écran d'épingles son caractère étrange et qui fait de cette technique un véhicule idéal pour les récits fantastiques. Le film du Canadien Jacques Drouin intitulé *Le paysagiste* (dont le titre anglais, *Mindscape*, exprime mieux que le titre original l'univers du film, qui est celui du «paysage mental») va dans le sens de cette union entre le genre fantastique et l'écran d'épingles.

Dès le début du film, on passe d'un niveau de récit à un autre, de la représentation du monde extérieur à l'intériorisation, lorsque l'image montrant la tête du personnage principal cède la place, en un long fondu enchaîné, à la représentation d'un paysage. Par une série de métamorphoses successives, le paysage fantasmé se transforme progressivement pour bientôt inclure le personnage qui est à l'origine de ce rêve éveillé. Ici, la métamorphose révèle à la fois la subjectivité et l'écoulement du temps, la fugacité des impressions, la perte des repères, la fragilité et la précarité du réel. Il y a, dans *Le paysagiste*, adéquation parfaite entre la figure dominante de l'animation — la métamorphose — et le mouvement général du propos — une plongée dans l'imaginaire davantage qu'un déplacement dans l'espace. Car le mouvement s'effectue dans un espace mental, un espace tantôt clair, tantôt flou, espace aux contours fuyants qui s'oppose à l'espace réel. Voyageur immobile, sombrant presque dans la folie (il revient au monde à la toute fin du film, pendant que sonnent les douze coups de la dernière chance), le personnage imaginé par Drouin est l'*alter ego* de l'artiste happé par son œuvre. C'est ainsi qu'on peut voir la dernière image du *Paysagiste*, ce mouvement de recul qui nous amène dans l'atelier du cinéaste, à l'extérieur du film.

Proche, par son style visuel, des films réalisés avec l'écran d'épingles, *Syrinx* (1966) du Canadien Ryan Larkin fait naître un paysage à partir de deux cercles d'origines, paysage dans lequel apparaît une jeune fille. Ici, la métamorphose évoque la fugacité des fantasmes d'un faune, sans

Figure 3   *Le paysagiste*, de Jacques Drouin, réalisé avec
l'écran d'épingles mis au point par Alexandre
Alexeieff et Claire Parker, présente un univers qui
évoque le paysage mental. (Photo : ONF.)

cesse privé de l'objet de son désir. Le jeu d'apparition-
disparition qui domine l'ensemble implique le film lui-même,
puisque le récit naît, comme on l'a dit, de deux cercles et qu'à
la fin ne demeurent que des roseaux, avant que réapparaisse
le faune avec une flûte de Pan. Tout tend à s'effacer, nous
sommes dans un monde au réel intangible, fuyant.

Le film canadien *Premiers jours* (1980), de Clorinda
Warny, superbe jeu sur le cycle de la vie qui peint en un
même grand geste tournoyant les âges de la Terre, la vie
humaine et la succession des saisons, présente aussi un
monde fait d'images qui se forment pour aussitôt dispa-
raître. Par la succession systématique des fondus enchaînés, ce monde glisse sous le regard pour ne laisser qu'une
suite d'impressions étranges et fortes, imitant avec une
réelle virtuosité la logique du rêve, qui laisse l'esprit habité

Figure 4 Par la succession systématique des fondus enchaînés, le monde de *Premiers jours*, réalisé par Clorinda Warny, glisse sous le regard pour ne laisser qu'une suite d'impressions étranges et fortes, imitant la logique du rêve. (Photo : ONF.)

par des images à la fois précises et floues, impossibles à situer dans les paramètres habituels du temps et de l'espace[2].

L'exemple de *Premiers jours*, comme ceux de *Dolorosa* et de *La basse-cour*, fournit une explication à la comparaison que plusieurs observateurs ont l'habitude d'établir entre le cinéma d'animation et la poésie. Dans un texte où elle aborde le montage chez Bresson, Pasolini et Godard, Marie-Claude Loiselle cite le poète Pierre Reverdy : « L'image est une création pure de l'esprit. Elle ne peut naître d'une comparaison, mais d'un rapprochement de deux réalités plus ou moins éloignées [...]. Plus les rapports de deux réalités rapprochées seront lointains et justes, plus l'image sera forte, plus elle aura

---

2. La cinéaste étant décédée subitement avant d'avoir pu terminer le film, celui-ci fut complété par Lina Gagnon et Suzanne Gervais.

de puissance émotive et de réalité poétique[3].» À la suite de l'affirmation de Reverdy, Marie-Claude Loiselle conclut ceci :

> C'est donc de la métamorphose que provoque sur les choses la rencontre des mots (auxquels nous pourrions substituer les plans), leur combinaison, et l'effet qu'ils ont l'un sur l'autre, que naît la poésie. Reverdy précise d'ailleurs qu'il n'y a pas de poésie dans la nature ou dans les choses. Seule l'étincelle qui jaillira de ces rapprochements, par une liaison inattendue, suscitera une émotion que la perception des choses du monde ne saurait nous procurer, et, de plus, fera émerger une nouvelle globalité entièrement autonome face à tout objet de la réalité[4].

Ces rapprochements, ces rencontres d'où origine la poésie, Marie-Claude Loiselle explique qu'ils existent parfois au cinéma par le biais du montage. J'ajouterai que le cinéma d'animation, à travers la métamorphose, leur fournit un véhicule puissant. Par la métamorphose, deux formes se rencontrent, s'unissent dans le temps pour ne plus faire qu'une seule image. C'est de cette image, spécifique au film, que naît l'émotion.

J'ai appelé *métaphores* ces rapprochements, ces collisions que sont parfois les métamorphoses. On pourra me faire une querelle de mots. Quand Marc Cholodenko écrit que « la métaphore, indispensable là où la vie se dit pour représenter ses choses en tant qu'elles sont dans et par le rapport entre elles, n'a pas cours en poésie[5] », quand il ajoute que « La vérité ignore la métaphore[6] », il insiste sur

---

3. Pierre Reverdy, *Le gant de crin*, Paris, Flammarion, 1968, p. 32. Cité par Marie-Claude Loiselle dans « Poétique du montage », *24 images*, n° 77, été 1995, p. 12.

4. Marie-Claude Loiselle, *idem.*

5. Marc Cholodenko, *La poésie la vie*, Paris, P.O.L., 1994, p. 15.

6. *Idem,* p. 14.

la perfection des rapprochements poétiques, rapprochements entre deux choses qui ne les opposent pas l'une à l'autre. Selon Cholodenko, la relation poétique est sans niveau, elle n'implique aucune velléité de comparaison.

Plus loin, dans *La poésie la vie,* l'auteur explique : « Dans le poème les choses de la vie sont. [...] Elles ne sont pas comprises dans des relations métaphoriques. Elles ne sont pas comprises. Elles sont elles. Elles sont [7]. » C'est que Cholodenko voit la vérité dans la poésie. Et que la métaphore est comparaison, donc approximation, ce qui ne sera jamais la vérité.

Sur la base de telles réflexions, on pourrait donc me reprocher d'avoir appelé métaphore ce qui ne l'est pas. On pourrait aussi me reprocher d'appeler poésie ce qui, dans le cinéma d'animation, n'est que métaphore. Qu'on me comprenne bien : je n'ai jamais écrit que le cinéma d'animation était poésie, j'ai seulement affirmé que plusieurs établissent un parallèle entre le cinéma d'animation et la poésie. Or, si ce parallèle est à ce point présent, c'est qu'il trouve sa source quelque part. Mon idée est donc que la métamorphose, qui est rapprochement de deux images, serait à l'origine de ce parallèle insistant.

La métamorphose est-elle métaphore ? Est-elle plus que cela ? Est-elle vérité, donc poésie ? On peut sans crainte affirmer que la métamorphose est fréquemment utilisée avec des intentions métaphoriques par les cinéastes. On peut espérer, on peut même croire, que parfois elle atteint la poésie, selon une définition qui s'accorderait aux propos de Cholodenko. Il demeure cependant qu'elle établit une relation, un rapprochement d'où émerge, pour reprendre les mots de Marie-Claude Loiselle, « une nouvelle globalité entièrement autonome face à tout objet de réalité ».

---

7. *Idem*, p. 21-22.

Longtemps je me suis demandé sur quelles bases on qualifiait de poétiques les films d'animation. Longtemps je me suis demandé comment ce lien entre poésie et cinéma d'animation avait pu naître pour finalement être admis par tant de gens. Je risque ici une réponse à ces interrogations. Quand le Canadien d'origine indienne Ishu Patel réalise *Bead Game* (1977), quand il trace l'histoire de la belligérance à l'aide de quelques perles[8], quand il passe habilement d'une forme à une autre en un seul mouvement, c'est pour créer une série de rapprochements qui, ensemble, forment une seule image : celle de la guerre et de sa conséquence ultime, l'apocalypse. C'est cela qu'on qualifie de poétique ; cette capacité qu'a le cinéma d'animation d'en dire long avec un minimum de moyens, en un minimum de temps. Dans l'une de ses boutades célèbres, l'écrivain américain Charles Bukowski marque d'ailleurs ainsi la différence entre la prose et la poésie : « La poésie en dit long et c'est vite fait ; la prose ne va pas loin et prend du temps[9]. »

Les rapprochements opérés par la métamorphose sont porteurs de sens, ils sont même parfois porteurs d'une vérité qui se dissimulait dans l'éloignement des formes. À cause de cela, on peut dire que la métamorphose est parfois révélation, qu'elle est illumination. Et qu'est-ce que la poésie, sinon un genre de révélation, d'illumination ? Voilà pourquoi il est si tentant, voire si facile, d'établir un parallèle entre le cinéma d'animation et la poésie.

---

8. Pour ce film, Patel s'est inspiré d'une forme d'artisanat indien qui consiste à faire des dessins à l'aide de perles de couleur.

9. Charles Bukowski, *Contes de la folie ordinaire,* Paris, Grasset, 1981, p. 97.

Le poids des corps

Commençons par une affirmation simple, par une évidence : les hommes sont lourds. Lourds et, souvent, obsédés par leur poids. Obsédés par ce corps qui tantôt engraisse, tantôt maigrit, ce corps prisonnier des lois de la gravité, lois que l'homme cherche à dominer par de multiples activités (pour rester dans le domaine des activités purement physiques, pensons au saut en hauteur, au saut en longueur, au plongeon).

Au cinéma — comme au théâtre, comme en danse —, le corps occupe une place primordiale. Plus souvent qu'autrement, c'est le corps de l'acteur que la caméra filme. C'est par rapport à lui qu'elle se déplace. C'est lui qui est le centre d'intérêt du plan. J'oserais même dire que le corps est le principal véhicule de l'émotion. Je pense ici au corps comme objet de désir sexuel (émotion forte s'il en est une), à travers par exemple toutes ces stars féminines qui vont de Marilyn Monroe à Sharon Stone, en passant par Brigitte

Bardot et Kim Basinger, mais je pense aussi au corps comme emblème de la maladie (Jean Beaudry maigrissant pour son rôle de cancéreux dans *Jacques et Novembre,* ou encore Tom Hanks en sidéen dans *Philadelphia),* comme illustration de la déchéance (Robert de Niro tout en muscles lorsqu'il incarne le jeune Jake La Motta dans *Raging Bull,* puis mou et bedonnant à la fin du même film) ou comme symbole ambigu de la force et de la rigueur à travers les muscles boursouflés de Sylvester Stallone ou d'Arnold Schwarzenegger. Le corps de l'acteur est donc, au cinéma, l'élément à travers lequel des images animées deviennent, justement, plus que des images. C'est à travers le corps que les images prennent vie, que l'illusion du mouvement (qui suffisait à fasciner les premiers spectateurs du cinéma, à la fin du xixe siècle) est transcendée pour devenir la représentation de la vie même.

C'est ainsi que, mis en présence du corps de l'acteur, le spectateur perçoit l'état de contraction ou de relâchement des muscles de ce corps; il a pour ce corps une véritable sensation musculaire. La tension qui bande le corps du personnage en proie à mille dangers est ainsi transmise au spectateur qui, tendu sur son siège, s'agrippe aux bras du fauteuil, tremble ou s'anime en de multiples gestes nerveux. Aussi n'est-il pas rare de voir des spectateurs sursauter lorsqu'un personnage est agressé par un autre. Ces gestes de recul, souvent violents, de la part des spectateurs, témoignent d'un rapport au film qui dépasse les niveaux intellectuel et émotif pour atteindre l'ordre du physique.

Cela m'amène à penser que, peut-être, ce qui distingue le plus le cinéma de prises de vues réelles du cinéma d'animation, c'est justement l'absence de corps qui affecte l'animation. Et lorsque je dis que cela affecte l'animation, c'est volontairement que j'utilise un verbe à connotation péjorative, cela dans le but d'insister sur ce que je crois être la conséquence première de cette absence. C'est que, libéré des lois du monde réel, libéré de la gravité, le cinéma d'animation offre plus souvent qu'autrement une évasion dans la fantaisie, une fantaisie qui fait la joie des observateurs qui voient dans ce « sous-cinéma » un divertissement aussi merveilleux qu'inoffensif. C'est ainsi que l'on vante souvent l'animation en parlant de plongée dans l'imaginaire, de poésie, d'émerveillement, et que l'on qualifie ces « petits films » d'amusants, de charmants, de plaisants, etc.

Loin de moi l'intention de rejeter en bloc toute cette part d'imaginaire et de liberté qui caractérise l'animation. Au contraire, des œuvres comme celles du Hollandais Paul Driessen et du Français d'origine russe Alexandre Alexeieff, dont j'ai dit ailleurs tout le bien que j'en pensais, ou encore celle des Italiens Gianini et Luzzati (*Pulcinella*, 1973 ; *La gazza ladra*, 1962), exploitent remarquablement cette orientation du cinéma image par image. Dans le cas des Italiens, par exemple, il s'agit de mettre l'animation en parallèle avec d'autres arts non réalistes, en particulier le ballet et l'opéra. Ainsi, les films de Gianini et Luzzati constituent une véritable entreprise de reprise de possession d'un héritage culturel qui se double d'une insistance subtile sur le caractère synthétique de l'animation. Donc, mon intention n'est pas de discréditer les démarches artistiques s'apparentant à celle-là, mais plutôt d'expliquer en quoi l'absence de corps a une incidence directe sur la façon dont l'animation — et la perception de l'animation — s'est développée.

Revenons donc à la problématique du corps en insistant justement sur la façon dont l'animation est perçue. On est souvent amusé ou séduit par les films d'animation, mais rarement bouleversé. L'identification du spectateur aux personnages apparaissant à l'écran, phénomène capital du cinéma de prise de vue réelle, ne se produit que très rarement en animation (sauf dans le cas des enfants, dont les

Figure 1   Cette scène a été retirée de certaines copies de son film *Neighbours* par Norman McLaren lui-même. Il réagissait ainsi aux pressions du distributeur du film aux États-Unis. La violence terrifiante du film tient précisément au fait que ce sont de véritables corps qui s'affrontent, et la critique opérée par le film est efficace parce que l'animation permet une distanciation. (Photo : ONF.)

réactions sont fondamentalement différentes de celles des adultes ; mais c'est une autre histoire). C'est comme s'il manquait à ce cinéma quelque chose pour ancrer l'émotion chez le spectateur. Ce quelque chose, c'est le corps. Le poids des corps qui justement agit comme une ancre garantissant la stabilité de la passerelle émotive. J'en viens à penser que parfois, le cinéma d'animation, souffrant cruellement de l'absence de ce lest, devient comme une baudruche gonflée à l'hélium et s'envole vers une terre imaginaire où la futilité tient trop souvent lieu de fantaisie.

Au contraire, parfois, chez certains cinéastes, j'ai l'impression que cette problématique de l'absence du corps contre sa représentation est le ferment d'une création d'une surprenante richesse. C'est le cas chez le Canadien Norman McLaren et le Néo-Zélandais Len Lye, ces deux maîtres de l'intervention directe sur la pellicule. Chez le premier, on remarque cette préoccupation à travers ses idées sur la mémoire musculaire, sa passion pour la danse *(Pas de deux,* 1967 ; *Narcissus,* 1983) et surtout la façon dont il a développé la pixillation, cette technique qui consiste à animer des humains ou des objets image par image. C'est ainsi que la puissance de cet incomparable pamphlet antimilitariste intitulé *Neighbours* (1952) vient en grande partie de ce génial choix technique. La violence de *Neighbours* est terrifiante précisément parce que ce sont de véritables corps qui s'affrontent, et la critique opérée par le film est efficace précisément parce que l'animation permet une distanciation qui dissipe toute ambiguïté. Lorsque l'escalade de la vengeance amène chaque voisin à s'en prendre à la femme et à l'enfant de l'autre [1], c'est un véritable bébé qui est pris à partie, alors qu'il s'abreuve au sein de sa mère. L'effet produit est sidérant. La barbarie humaine est alors

---

1. Cette scène a été retirée de certaines copies du film. Dans une entrevue accordée pour le film *Has Anybody Here Seen Canada ?*, de John Kramer (Office national du film du Canada, 1978), McLaren s'en explique : « [...] le détenteur des droits d'exploitation institutionnelle aux États-Unis ne voulait pas montrer le film dans les écoles à cause de la scène où les mères et les enfants sont tués. J'ai refusé de retirer la scène du montage, mais le distributeur italien m'a fait les mêmes objections. Alors, le distributeur américain m'a fait parvenir une copie dans laquelle la scène avait été coupée. J'ai été étonné de constater que ça fonctionnait. Je me suis dit qu'il était sans doute préférable que les enfants puissent voir le film sans la scène que de ne pas le voir du tout. Alors, j'ai donné mon accord pour qu'elle soit retirée. Mais, pendant la guerre du Vietnam, j'ai entendu beaucoup de plaintes alors que je rencontrais des étudiants en Europe et aux États-Unis. Ils avaient vu la version originale et considéraient que le fait ➤

condamnée sans appel par un cinéaste conscient de la portée que la présence des corps confère à sa fable. Chez Len Lye, l'approche est différente et se résume par sa volonté de transcrire de façon abstraite les rythmes et les mouvements qui s'emparent de tout son corps au cours de la réalisation d'un film. C'est à propos de *Free Radicals* (1958) que Lye a révélé le lien existant entre le mouvement des graphismes sur la pellicule et les spasmes animant son propre corps. Ce lien évoque celui existant entre l'œuvre et l'artiste dans *l'action painting*, en ce sens que le mouvement illustré se présente comme la trace du geste du peintre. À la différence des *action painters*, cependant, Len Lye travaille sur de la pellicule, c'est-à-dire sur un format miniature qui entre en contradiction avec ce désir de transcrire graphiquement le mouvement d'un corps. Car, comme l'explique l'artiste Mark Rothko dans un éloge des grands formats : « Peindre un petit tableau, c'est s'écarter de sa propre expérience, comme si l'on se regardait soi-même avec des lunettes ou avec une loupe. Plus la peinture est grande, plus vous êtes dedans. Ce n'est plus quelque chose à quoi vous donnez des ordres[2]. » Pour Rothko, les dimensions de la toile permettent d'excéder « le regard du peintre jusqu'à l'envelopper, jusqu'à l'engloutir dans son espace. A ce moment précis, la vue est abolie et retournée en toucher. [...] Peindre grand, c'est donc peindre plus vrai, au

---

➤ d'amputer le film de cette scène amoindrissait sa portée. [...] J'ai entendu cela si souvent que j'ai fini par y croire... Il y a une autre raison pour laquelle la scène a été enlevée. J'aime les constructions rigoureuses. Or, le film raconte l'histoire de deux hommes et d'une fleur. Le fait d'y inclure d'autres personnages pendant un court moment brise l'homogénéité formelle. Mais, maintenant, j'en suis revenu à ma position d'origine : au diable la rigueur formelle, la portée du film est plus importante. »

2. Cité par Barbara Rosé, *La peinture américaine : le XXᵉ siècle*, Genève, Skira, 1986, p. 80.

plus près de la sensation, car c'est accéder au tactile en peinture[3]. »

Toute la singularité du travail de Len Lye réside dans le défi presque insensé qu'il se donne de traduire sur une surface de dimensions infimes la trace du mouvement d'un corps entier et, surtout, de traduire cette trace dans le temps. Le cinéaste canadien Pierre Hébert — bien connu lui aussi pour ses expérimentations en gravure sur pellicule — expose la situation qui prévaut en animation lorsqu'il affirme :

> Ainsi, en danse, les mouvements sont les mouvements de « quelqu'un », ils sont issus directement du corps du danseur et de l'énergie qu'il dépense dans l'espace réel de la scène, en contact immédiat avec d'autres corps. Littéralement, ce sont « ses » mouvements, « leurs » mouvements. Par contre, en cinéma d'animation, les mouvements vus à l'écran ne viennent pas directement du corps de l'animateur, ce sont des illusions de mouvements dans un espace fictif, produits au moyen d'un appareillage technique complexe. Littéralement, ces mouvements ne sont les mouvements de personne.
>
> Il y a donc un hiatus entre l'énergie physique déployée par l'artiste lorsqu'il anime et le cinétisme observable sur l'écran lors de la projection du film. Cet écart est doublement articulé. Il dépend, d'une part, d'un processus purement cérébral de conceptualisation du mouvement par l'animateur ; au sens strict, il s'agit bien d'un calcul. D'autre part, il dépend du processus technologique qui rend possible la simulation de ce mouvement élaboré dans l'esprit. Il en résulte un lien étroitement instrumental entre l'idée de mouvement et l'illusion visible sur l'écran. L'effacement du corps de l'animateur en serait la conséquence[4].

---

3. Bertrand Rougé, « Le corps et la toile, ou le corps du peintre dans l'art contemporain », *Les figures du corps,* Paris, Publications de la Sorbonne, 1991, p. 329-330.

4. Pierre Hébert, « Égarements volontaires », *Les vendredis du corps,* Montréal, Cahiers de théâtre Jeu/FIND, 1993, p. 123.

Free Radicals, de Len Lye, se présente comme une tentative, à travers l'abstraction et surtout la non-narrativité, d'inclure le corps de l'artiste dans le film. Ici, tout, du trait tourmenté au montage en *jump cut*, en passant par les rythmes primitifs de la musique, évoque une sorte de transe corporelle. Il n'est pas question de figurer le corps mais plutôt de projeter sur l'écran l'influx musculaire, de communiquer le mouvement plutôt que de le montrer. C'est de l'ordre du sentir (ou plus exactement du vibrer) plutôt que du voir. On est loin de la démarche superficielle de l'Anglaise Erica Russel qui, dans *Feet of Song* (1988), n'intéresse que dans la mesure où elle parvient à styliser les formes et le mouvement du corps dansant avec une habileté appréciable. Pour le reste, si le résultat est harmonieux, il est totalement dénué de la tension que l'érotisme ou l'agressivité des corps lui auraient procurée. Cette danse d'inspiration africaine n'a d'autre sens que le simple plaisir des yeux.

Pierre Hébert, on l'a lu dans le texte déjà cité, s'intéresse lui aussi à la danse. Au point, d'ailleurs, de collaborer assez régulièrement avec des chorégraphes (Rosalind Newman, Ginette Laurin, Louise Bédard) qui intègrent l'animation à leurs spectacles. Je perçois dans cette collaboration une volonté manifeste de la part d'Hébert de mettre son travail en rapport avec le mode d'expression possédant l'assise corporelle la plus franche. Volonté provocatrice puisqu'elle fait apparaître avec évidence le clivage corporel existant entre ces deux arts du mouvement et du rythme.

Le travail qu'Hébert réalise avec des danseurs est cependant éloigné de celui de McLaren, car contrairement au père de l'animation canadienne, Hébert ne réalise pas, à proprement parler, de «films de danse». Hébert, je l'ai dit, met de l'avant l'hiatus corporel existant entre l'animation et la danse. McLaren, lui, du moins dans *Pas de deux*, vise plutôt une fusion. Cette fusion s'effectue sur la base de ce qui unit les deux modes d'expression : ce sont des arts du mouvement, des arts chorégraphiés. Il est révélateur que McLaren ait affirmé qu'il avait « toujours été intéressé par le ballet dans sa forme la plus pure débarrassée des conventions anecdotiques ou narratives. J'aime le mouvement pour le mouvement. Le ballet abstrait [5]. » En effet, ses films de danse, qu'il s'agisse d'un court métrage d'animation comme *Pas de deux* ou d'un documentaire pédagogique comme *Ballet Adagio,* sont axés essentiellement sur l'analyse du mouvement. Dans *Pas de deux,* c'est la décomposition par la multiplication (McLaren a réalisé une dizaine de surimpressions, décalées d'environ un quart de seconde, de chacune de ses prises de vues), tandis que dans *Ballet Adagio,* c'est la décomposition par le ralentissement (le ballet filmé par McLaren est ralenti au quart de sa vitesse normale). Ainsi, les corps filmés par McLaren dans *Pas de deux* sont ramenés, par l'éclairage latéral et le jeu des surimpressions, à une série de lignes quasi abstraites, qui paradoxalement visent à magnifier le geste des corps mais du même coup le désincarnent. *Pas de deux,* œuvre formellement splendide, communique donc de la danse la grâce et l'élégance du mouvement, mais sans parvenir à traduire cinématographiquement la présence physique qui est le propre de cet art. Pour cela, on peut avancer que *Pas de deux,* malgré son indéniable réussite plastique, n'est pas l'occasion pour le cinéma d'animation de récupérer une solide assise corporelle à travers la danse. La fusion opérée par McLaren se fait au détriment du corps et à la gloire du mouvement pur.

Revenons maintenant à Pierre Hébert, pour qui la situation du cinéma d'animation est paradoxale, puisque l'ajout du mouvement au dessin, s'il semble le rapprocher du corps

---

5. Propos recueillis par Léo Bonneville, *Séquences,* n° 82, octobre 1975, p. 81.

et de la vie, est en fait le lieu d'un égarement du corps, un peu comme dans *Pas de deux* où les corps s'effacent derrière la prouesse technique et l'harmonie du mouvement.

> Pis, cet effacement affecte rétroactivement les dessins fixes dont est fait le mouvement animé, qui, pris en eux-mêmes, exhibent la trace visible des mouvements et de la dépense d'énergie du dessinateur. En ceci, ils sont porteurs d'une indubitable valeur corporelle. Or j'observe que, lors du visionnement cinématographique de la suite de dessins, il y a à tout le moins atténuation de cette valeur. La singularité de chaque dessin, sa singularité corporelle, semble en effet absorbée par l'effet de mouvement. Une image virtuelle et lisse de l'entité mouvante se forme mentalement, aux dépens de ce qui, dans chaque dessin, ne lui est pas réductible et qui se constitue en une sorte de résidu perceptuel[6].

C'est dans *Étienne et Sara* (1984) que Pierre Hébert a mis en application le plus systématiquement ses idées concernant l'assise corporelle en animation. En effet, ce film dans lequel le cinéaste se livre à une observation attentive de son jeune fils est l'occasion d'une exploration audacieuse où le corps de l'enfant est représenté de plusieurs façons. C'est ainsi qu'on passe constamment de la prise de vue réelle au dessin animé, de la photographie au dessin, du dessin sur papier à la gravure sur pellicule. Il s'agit probablement de l'œuvre la plus complexe d'Hébert, à tout le moins la plus libre, la plus éclatée quant à sa structure globale (il s'agit d'un véritable film-essai[7], ni totalement film d'animation, ni documentaire, ni œuvre de fiction ; c'est un collage) et quant aux questions qu'elle soulève (ici l'expérience la plus intime — l'accouchement, la paternité — se lie au collectif — la famine en Éthiopie).

---

6. Pierre Hébert, *idem.*

7. Voir à ce propos Dominique Noguez, *Le cinéma autrement*, Paris, Éditions du Cerf, 1987, p. 291-297.

Figure 2   Pierre Hébert a su, dans *Étienne et Sara,*
reproduire sur papier les gestes brusques et
maladroits de l'enfant pour qui la ligne est
indomptable, de l'enfant qui n'inscrit sur la
surface blanche que la frénésie de son geste, que
la pulsation de son corps. (Photo: ONF.)

Tout au long *d'Étienne et Sara,* Hébert cherche à traduire le sentiment corporel de l'enfant. Dans un intertitre il écrit: « Je croyais voir l'effort d'Étienne pour s'arracher à l'obscure domination de son corps. » Des photographies illustrent alors la frustration de l'enfant, ses contorsions, la quasi-révolte qui l'anime. Curieusement, le mouvement s'inscrit avec une énergie, une présence, une évidence remarquable dans ces photographies qui montrent Étienne courbé sur un fauteuil ou s'aidant d'une chaise pour marcher. L'image fixe arrive à rendre le geste intelligible, mais la clarté du geste s'amenuise dès que les images s'animent par l'intervention du cinéaste. C'est comme si le corps s'évaporait, comme si soudainement le mouvement n'avait plus

de raison d'être, comme si son sens, tantôt si précis, deve-
nait diffus. On passe en une fraction de seconde d'un corps
suggérant le mouvement, d'un corps contenant le mouvement à un mouvement sans corps, à un mouvement qui
n'arrive pas à exprimer vraiment la tension d'un petit corps
révolté, la force d'un corps déterminé à refuser ses limites.

Le mouvement et son assise corporelle, le cinéaste
cherche donc à les saisir autrement, par exemple en dessi-
nant avec une énergie et une vigueur naïves, en reproduisant sur papier les gestes brusques et maladroits de l'enfant
pour qui la ligne est indomptable, de l'enfant qui n'inscrit
sur la surface blanche que la frénésie de son geste, que la
motricité de son corps. Le corps bougeant laisse aussi sa
trace dans quelques photographies à longue exposition. Le
corps est saisi sur le vif, croqué par la main du dessinateur
qui livre une série d'esquisses aux traits à la fois rapides et
tourmentés. Enfin, Hébert utilise la prise de vues réelles
comme référent, mais la complète et la pastiche en montant
des photographies en série, créant ainsi un effet de mouvement décomposé qui n'est pas sans rappeler les expériences
scientifiques de Muybridge [8] (et la tentative de fusion entre
l'animation et la danse de McLaren, dans *Pas de deux*).
Procédant au même travail d'analyse avec le cinéma d'animation, Hébert va jusqu'à filmer ses dessins en série, consa-

---

8. En 1872, l'Anglais E.J. Muybridge mit au point un coûteux dispositif photographique qui lui permit de décomposer le mouvement d'un
cheval. Galopant parallèlement à un alignement de douze appareils de
prise de vue, le cheval déclenchait au passage les obturateurs de chacun
de ceux-ci grâce à un ingénieux système de cordes. Dans les années qui
suivirent, Muybridge améliora son dispositif en utilisant un système
électromagnétique; il augmenta le nombre d'appareils et il poursuivit ses
expériences avec divers animaux puis avec des humains. En ce sens, on
peut dire de lui qu'il est le pionnier de l'analyse du mouvement, à la
suite de Vinci.

crant suffisamment de temps de projection à chacun pour décomposer le mouvement et de cette façon préserver ce qu'il y a du corps dans chaque dessin particulier.

À l'origine, *Étienne et Sara* devait s'intituler « Le corps d'Étienne ». On peut voir dans ce titre la volonté d'Hébert de mener à terme la réflexion découlant de l'observation qu'un père — cinéaste d'animation et théoricien de surcroît — fait de son fils. Et on peut croire que c'est autour de la formidable quête du corps qui prend forme dans *Étienne et Sara* que s'est élaborée la décision, capitale, prise par le cinéaste d'entraîner son œuvre du côté de l'improvisation et de la représentation publique. En effet, à partir des années 1980, Hébert donne de nombreuses performances où il grave la pellicule en direct. Par ce geste audacieux il se place dans la même situation que les musiciens improvisateurs avec lesquels il travaille, s'obligeant à créer un film en boucle pendant le temps que dure la représentation. Cette démarche de mise en péril lui permet de retrouver la non-intentionnalité de la peinture gestuelle. Elle situe Hébert dans le prolongement immédiat du travail de Len Lye.

Mais il y a plus, car Hébert, préoccupé par le fait que les mouvements apparaissant à l'écran ne sont ceux de personne, va notamment chercher à imposer sa propre présence physique au spectateur. Dans ses performances, il se donne en spectacle, s'installant au milieu de l'assistance avec son projecteur et sa table lumineuse. Pour le spectateur, le lien entre le mouvement concentré, retenu, tendu du cinéaste et l'éclatement des lignes qui sautillent sur l'écran devient alors clair. S'il n'y a pas d'équivalence possible entre ces deux échelles de mouvement, un lien de causalité s'installe qui affirme l'image animée comme le résultat d'une performance physique. Et c'est en ce sens qu'Hébert prolonge les expérimentations de Len Lye, en ce sens qu'il entraîne la réflexion et la création vers d'autres avenues.

Attardons-nous maintenant aux corps représentés par Hébert, aux corps qu'il fait se mouvoir, plus particulièrement dans des films comme *Chants et danses du monde inanimé : Le métro* (1985, que nous appellerons désormais *Le métro*) et *Adieu bipède* (1987). Dans ces deux cas, Hébert présente des corps qui y vont d'une danse évoquant la crise, l'éclatement. L'image est plus frappante dans *Le métro*, film qui entretient un rapport étroit avec le réel, tant par son sujet que par l'utilisation de photographies, ainsi que par la présence de sons concrets à l'intérieur de la trame musicale. Dans un segment situé au début du film, on voit des passagers qui vont du statisme, de l'immobilité à une série de gestes explosifs qui sont comme des *acting out* révélant le bouillonnement intérieur que masquent les conventions sociales. Ici, les corps sont comme des enveloppes soumises à la pression du lieu. L'attitude de prime abord impassible des passagers cache un tourment, une vigueur, une énergie que le cinéaste se charge de révéler. Et cette révélation passe même par la dislocation du corps, comme dans ce segment, au milieu du film, où un homme debout, tenant une mallette, semble soudainement pris de spasmes, enfle, se déforme, puis se confond au métro, transmettant au spectateur une impression de douleur inqualifiable. Dans ce film, les corps sont véritablement transcendés par l'animation qui les pénètre, les fouille, comme dans cette séquence où un homme d'abord prostré se place les bras en croix pour offrir à la vue ses organes, son cœur qui bat, bientôt remplacés par un mécanisme puis par des signes lumineux évoquant l'informatique. Voici l'homme réduit par son environnement à l'état de machine, une machine que des mains (celles du cinéaste) viennent cadrer. Annonçant la fin du film, cette ultime intrusion du corps dans le monde animé situe sans équivoque les enjeux véritables du *Métro*. Et encore une fois, c'est par la présence de son propre corps

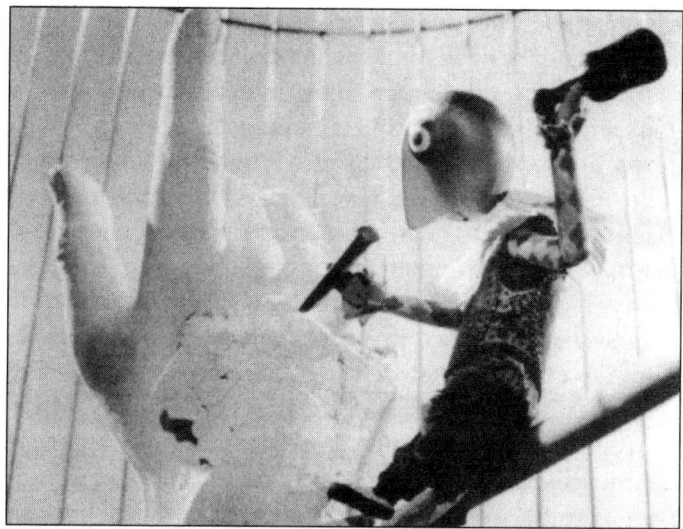

Figure 3 Dans le dernier film du maître tchèque Jiri Trnka, *La main,* le corps humain (en l'occurrence une main gantée) apparaît à l'écran pour incarner le totalitarisme. (Coll. Cinémathèque québécoise.)

que Pierre Hébert insiste sur cette question, comme pour ainsi indiquer que l'origine de cette interrogation réside vraiment dans l'hiatus existant entre les mouvements animés et ceux du cinéaste au travail.

J'ai parlé un peu plus haut de la pixillation comme technique d'animation favorisant l'inclusion du corps. Il est nécessaire d'ajouter que l'animation à trois dimensions dans son ensemble favorise un travail plus direct sur cet aspect. Pensons par exemple au dernier film du maître tchèque Jiri Trnka, *La main* (1965), dans lequel le corps humain (en l'occurrence une main gantée) apparaît à l'écran pour incarner (littéralement) le totalitarisme. La petite marionnette figurant le sculpteur est ainsi soumise aux diktats d'un corps qui prend aussitôt une double signification, celle de l'État désireux d'asservir les artistes mais aussi celle de l'animateur terrorisant ses créations.

Deux œuvres contemporaines, toutes deux héritières de Trnka, me semblent marquées par un singulier rapport au corps. D'abord l'œuvre du Tchèque Jan Svankmajer, puis celle des frères Quay, qui travaillent en Grande-Bretagne. Dans les deux cas, il s'agit d'animation en trois dimensions : animation de marionnettes et d'objets divers chez les Quay, animation de marionnettes, d'objets divers et pixillation chez Svankmajer qui, par ailleurs, n'hésite pas à truffer ses films de scènes de prise de vue réelle.

Dans un cas comme dans l'autre, le choix de l'animation en trois dimensions est important. On le sait, ce type d'animation implique une conception de la mise en scène somme toute assez proche de la mise en scène en prise de vue réelle. Ici, les mouvements d'appareil, les angles de prise de vue, le choix des objectifs, l'éclairage et les déplacements ne sont pas virtuels. Tous ces éléments, à une échelle réduite, doivent être abordés de la même façon que pour un long métrage de fiction. L'évolution des personnages, des objets et de la caméra à l'intérieur d'un espace réel, à trois dimensions, ramène la mise en scène à une opération qui n'est plus, uniquement, intellectuelle (contrairement à l'animation au banc-titre — dessin animé, papiers découpés, etc. — où la mise en scène doit être, comme le mouvement, synthétisée).

Il en résulte souvent un effet de réel plus grand que dans les techniques d'animation à deux dimensions. Effet de réel amplifié, chez les Quay comme chez Svankmajer, par l'utilisation d'objets puisés à même notre environnement immédiat. On voit, dans *Street of Crocodiles* (1986), des frères Quay, comment sont employés les poupées, épingles, vis, ciseaux, ampoules électriques, etc. Dans son adaptation *d'Alice au pays des merveilles,* Svankmajer utilise quant

Figure 4   Héritier de la tradition de Trnka, Jan Svankmajer joue avec l'effet de réel en utilisant quantité d'objets familiers. Ici, une scène d'*Alice*. (Coll. *24 images*.)

à lui des squelettes d'animaux, des arêtes de poissons, des boîtes de conserve, un lapin empaillé, des chaussettes et, lui aussi, des vis et des poupées.

Avec les frères Quay, nous nous trouvons souvent face à une sorte de scène primitive de l'animation. Il y a chez ces cinéastes une volonté manifeste de mettre en scène l'origine, la naissance du mouvement, le geste qui insufflera la vie au monde inanimé. Dans *The Cabinet of Jan Svankmajer, Prague's Alchemist of Film* (le film hommage à Svankmajer qu'ils ont réalisé en 1984), on voit la main de l'animateur injecter une goutte de sang dans la marionnette figurant Svankmajer. Dans *Street of Crocodiles*, c'est le crachat d'un vieux gardien de nuit qui met en marche l'implacable mécanisme de la sombre et désespérante rue des Crocodiles. Dans les deux cas, le fluide vital, issu du corps de l'homme, est nécessaire au déroulement du film. Dans *Rehearsals for*

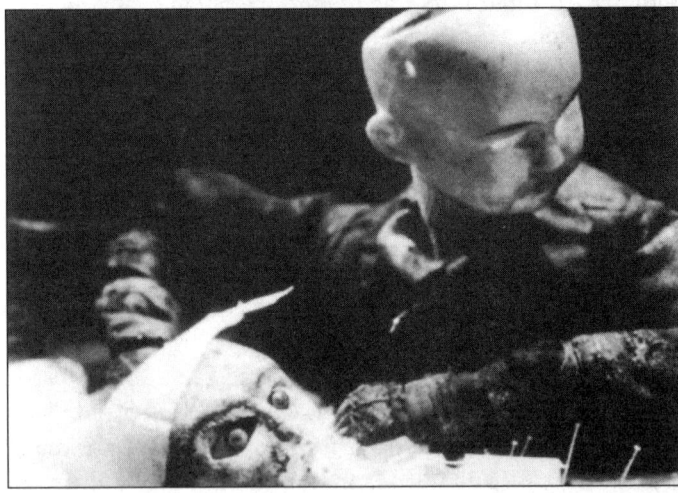

Fig. 5 et 6 Il y a chez les frères Quay une tension bien palpable entre les marionnettes et le corps humain. Un désir de vie, désir de chair. Une volonté pour l'inanimé de s'incarner. Ici, deux images tirées de *Street of Crocodiles*. (Coll. *24 images.*)

Extinct Anatomies (1988), c'est la main de l'animateur qui apparaît de manière fugace, révélant l'envers du décor tout en citant les maladresses techniques des pionniers de l'animation (Cohl, Blackton).

Mais la présence du corps, dans les films des frères Quay, ne se limite pas à cela. En effet, il y a chez ces cinéastes une véritable obsession de la chair humaine, chair qui s'apparente parfois à un morceau de viande, parfois à un vêtement. Rappelons d'ailleurs que *Rehearsals for Extinct Anatomies* est dédié à l'anatomiste Fragonard, cousin du peintre Jean-Honoré Fragonard, auteur d'étonnants modèles anatomiques qui sont de véritables sculptures. Dans *Little Songs of the Chief Officer of Hunar Louse, or This Unnameable Little Broom* (1985), c'est à un sexe de femme bien humide que fait face le personnage mi-oiseau, mi-humain. Un sexe de femme qu'il regarde, fasciné, sans trop comprendre. Un sexe de femme accolé au dessin anatomique d'un corps de femme, placé sur une table comme un objet, mais un objet dont la chaleur est presque palpable, un objet de désir. Et de ce désir pour le corps dans *Little Songs...* on passe au désir de corps dans *Street of Crocodiles*, lorsque les tailleurs, dans leur boutique, confectionnent un nouveau corps au personnage principal à partir de ce qui semble être un morceau de foie bien frais. Désir de corps aussi, dans ce même film, lorsqu'une montre de poche pénétrée, transpercée par une multitude de vis, se révèle pleine de viscères saignants. *Rehearsals for Extinct Anatomies* procède autrement. L'obsession du corps y passe par un regard macroscopique, alors que les cinéastes filment longuement un petit personnage qui, de son bras filiforme, gratte l'amoncellement de chair qui garnit son front et sur lequel pousse son unique cheveu. Le geste est d'une trivialité effrayante et le regard porté sur cette sorte de verrue confine à la pornographie tant il est d'une indescriptible crudité. Et par-delà l'onirisme de l'atmosphère, le poids de réel de ces images est tel qu'elles s'affirment comme le portrait d'une condition humaine désespérante. Il n'est plus ici question de poupées, mais des tourments de l'âme humaine.

Il y a donc chez les frères Quay une tension bien palpable entre les marionnettes et le corps humain. Un désir de vie, désir de chair. Une volonté pour l'inanimé de s'incarner. Par le sang, la salive et la viande s'effectue le passage du monde réel à celui de l'animation. Et la présence de ces éléments, plus que celle de tout autre, provoque chez le spectateur une réaction, une émotion : angoisse, peur, dégoût, désir. C'est de là, notamment, qu'origine toute l'ambiguïté sexuelle que l'on ressent si fortement au visionnement de ces films. Car l'œuvre des Quay est sexuelle comme le sont celles de grands surréalistes comme Ernst, Dalí ou Delvaux. Si l'obsession du corps est présente à travers la chair rouge, elle l'est aussi à travers les caresses équivoques des tailleurs dans *Street of Crocodiles*. Dans ce même film, les Quay font d'ailleurs la démonstration d'un étonnant sens du collage surréaliste lorsqu'ils juxtaposent un dessin anatomique représentant un sexe masculin et deux boules de chair plantées d'épingles. Un peu plus loin, ce sont quelques bouts de fil ou de foin qui, placés entre deux doigts d'un gant blanc, évoquent une toison féminine que convoite une poupée au sexe incertain. L'androgynie de plusieurs poupées et marionnettes est d'ailleurs l'une des caractéristiques fondamentales du cinéma des Quay. Rien d'étonnant, donc, à ce que le personnage principal de *Street of Crocodiles* porte une boîte semblable à celle que tenait l'androgyne du *Chien andalou* de Dalí et Buñuel. Et la référence au chef-d'œuvre du surréalisme cinématographique ne s'arrête pas là puisque, ailleurs, les Quay reprennent à leur compte l'une des images fameuses du film, celle d'une main caressant langoureusement la poitrine d'une femme.

Si l'œuvre de Jan Svankmajer partage avec celle des frères Quay l'atmosphère surréaliste, elle s'en distingue notamment sur deux points. D'abord Svankmajer s'intéresse au squelette davantage qu'à la chair. L'une de ses réalisations, qui n'est d'ailleurs pas un film d'animation, s'intitule d'ailleurs *Ossuaire* et porte sur l'église de la Toussaint, à Sedlec, qui autour de 1870 fut décorée par un menuisier du nom de Frantisek Rindt, à la demande du prince Schwarzenberg. Rindt utilisa environ 70 000 squelettes humains, la plupart datant de la peste noire du XIVe siècle. Le résultat est aussi fascinant que terrifiant, des dizaines de motifs — couronnes, blasons, fleurs — étant réalisés à l'aide d'ossements. Svankmajer construit son film très librement, s'attardant notamment à montrer des figurines d'angelots potelés qui tiennent dans leurs petits bras de véritables crânes. On reconnaît là une composition chère à Svankmajer, la mort et la vie étant inextricablement liées dans une image qui rappelle les vanités.

Ensuite, chez Svankmajer, le monde réel et le monde animé coexistent plus directement que chez les Quay. On y trouve une véritable perméabilité entre les deux mondes. En témoigne *Le dernier truc de monsieur Schwarzewald et de monsieur Edgar* (1964), le premier film de l'auteur, dans lequel deux magiciens entrent en compétition. Svankmajer y joue habilement de l'ambiguïté générée par la présence, puis l'absence, de deux acteurs déguisés en magiciens. En faisant alterner le cinéma d'animation et le cinéma de prise de vue réelle avec des acteurs costumés, Svankmajer bouscule les attentes du spectateur qui voit sa perception constamment mise en cause. L'effet atteint son paroxysme à la toute fin du film lorsque les deux magiciens, incapables de se départager, viennent à se dépecer mutuellement dans une sorte de folie meurtrière. Le vidéoclip *Another Kind of Love*, réalisé par Svankmajer pour le chanteur Hugh

Cornwell, ainsi que le court métrage *Jeux virils* (1989) repo-
sent aussi sur les effets surprenants qui résultent du passage soudain du cinéma de prises de vues réelles au cinéma
d'animation. Dans les deux cas, des figures de pâte à modeler réalistes sont substituées aux acteurs au moment précis
où l'artiste s'apprête à les agresser, à les mutiler. Toute cette
dynamique de présence/absence du corps a sur le spectateur
un curieux effet déstabilisant par la façon dont elle remet
en cause les notions d'identification et de vraisemblance.

Svankmajer fournit un autre exemple de son désir de
faire coexister le monde réel et le monde animé avec le personnage d'Alice, dans son adaptation du conte de Lewis
Carroll. Dans ce film, le rôle-titre est interprété tantôt par
une fillette, tantôt par une poupée. De cette perméabilité,
inhabituelle au cinéma, Svankmajer fait une fois de plus
l'un des fondements de son art. Le corps est tantôt réel,
tantôt simulé ; tantôt soumis à sa propre rigidité et aux lois
de l'équilibre, tantôt transformé, secoué, métamorphosé et
bousculé par les possibilités de l'animation. Une fois de
plus la présence du corps appelle l'identification du spectateur, mais le recours soudain à l'animation déstabilise les
attentes de celui-ci. Le poids des corps qu'assure la prise de
vues réelles est ainsi détourné par le cinéaste au profit de
l'animation et d'une conception ouvertement surréaliste
du monde. Il y a, dans *Alice* (1988), une scène qui résume
le dispositif technique du film en entier et, j'oserai même
écrire, qui « incarne » la tension entre l'animation et la prise
de vues réelles, l'enjeu du corps chez Svankmajer. C'est cette
scène où Alice, après de multiples transformations, est
maintenant une grande poupée immobile. Par les trous
figurant ses yeux, on peut apercevoir les yeux inquiets d'une
véritable petite fille (l'actrice tenant le rôle d'Alice, la formidable Kristyna Kohoutova). Au prix de grands efforts,
la petite arrive à briser ce corps de plâtre, à casser cette enve-

loppe qui la tenait prisonnière, et à reprendre sa place au
cœur du film. Ainsi, par cette image violente — image
d'affirmation par la destruction —, Svankmajer souligne
le curieux statut du corps dans son cinéma, corps étranger
que l'animation agresse et profane, corps à l'étroit, inadapté
dans un monde aux lois étranges, un monde qui refuse de
se soumettre à la dictature du corps et dont la révolte passe
par le mouvement.

L'Alice de Svankmajer est constamment violentée par
les animaux et objets qui peuplent le film. Tantôt un petit
rat s'installe au sommet de sa tête, y plante des piquets et
y met le feu, tantôt un lapin lui donne la bastonnade.
Ailleurs, ce sont des squelettes qui lui lancent une pluie de
cailloux ou un compas dont la pointe lui pique le bout
d'un doigt. Le sort que les objets qui peuplent le film lui
réservent est semblable à celui que subit l'homme de
L'appartement (1968). Dans ce film, en effet, un homme
est agressé par les objets meublant un appartement. S'il
veut manger, la fourchette se tord dans sa main. S'il veut
s'étendre c'est le lit qui s'effrite. S'il désire ouvrir la porte,
la poignée lui reste dans la main. L'homme est confronté à
une véritable conspiration des objets, jusqu'à ce qu'il
accepte, en bout de course, de signer sa reddition. Dans
L'appartement, l'hostilité du monde envers l'homme peut
se lire, allégoriquement, comme celle du système envers
l'individu. L'État tchécoslovaque a d'ailleurs montré qu'il
était sensible à cette interprétation en interdisant le film
pendant plusieurs années. Dans *Alice,* cependant, le sens
de cette animosité est plus diffus. Dans sa formidable aventure de curiosité, l'héroïne de Lewis Carroll, enfant volon-
taire et vive, ouvre toutes les portes et tous les tiroirs, goûte
à tout ce qui s'offre à elle (encre, biscuit, huile, sang ou
bran de scie), affronte toutes les rebuffades avec la même
détermination. Pour Svankmajer, le monde n'a rien

d'accueillant et seule l'inextinguible soif de savoir d'un enfant permet d'en faire l'apprentissage.

La violence est au cœur de toute l'œuvre du cinéaste. Violence par laquelle s'affirme, parfois, la présence physique de Svankmajer. C'est le cas notamment dans la deuxième partie des *Possibilités du dialogue* (1982, partie intitulée *Dialogue passionné)*, qui montre deux personnages de glaise qui, d'abord assis l'un en face de l'autre, vont s'aimer puis se détruire. Lorsque, dans leur élan de passion, les deux corps fusionnent, Svankmajer inscrit sa présence par les traces que ses doigts laissent sur la matière. Puis, dans la furieuse séquence de destruction qui suit l'union de ces corps de terre, la matière est encore marquée des traces profondes laissées par l'animateur. C'est tout le poids d'un corps que subit la matière. L'acharnement physique de l'artiste s'imprime sans ambiguïté sur son objet, et le spectateur devient alors le témoin d'une véritable rage créatrice. Comme *Jeux virils* ou encore *Punch et Judy* (1966) en font la preuve, chez Svankmajer la création passe par la transformation de la matière, donc par sa destruction.

C'est ainsi qu'on peut voir la première partie des *Possibilités du dialogue* (intitulée *Dialogue éternel)* où trois têtes évoquant les tableaux d'Arcimboldo s'entre-dévorent et se recrachent, dans un combat organisé selon le principe du jeu de Roche Papier Ciseau. Ce dialogue guerrier n'a de cesse que les trois personnages deviennent identiques. Salie, tordue, broyée, la matière d'origine (des légumes, du papier, du métal) se transforme progressivement en glaise. Encore une fois, c'est par le « triturage », par la destruction de cette matière que passe l'expression. Même chose dans la troisième partie (intitulée *Dialogue épuisant)* où les échanges entre deux personnages, d'abord harmonieux, se détériorent pour laisser les deux têtes en ruines, marquées par l'acharnement violent de leur créateur. Ce combat avec la matière ainsi que cette fascination pour l'acte de manger — acte qui démontre mieux que tout autre geste le lien entre la destruction et la vie —, la nécessité de faire violence à la matière, Svankmajer les affirme avec une stupéfiante évidence dans *Food* (1992). On y voit notamment deux hommes se livrant à un duel qui mènera le vainqueur jusqu'au cannibalisme, et un troisième individu s'offrant un absurde et inquiétant repas gargantuesque. On peut sans crainte affirmer que pour Svankmajer l'acte de manger constitue la meilleure métaphore possible de la démarche créatrice.

Giannalberto Bendazzi fait remarquer qu'« en 1974, en dehors du domaine cinématographique, [Svankmajer] mena des expériences avec des "objets tactiles", interprétant les sensations visuelles engendrées par les objets lorsqu'on les touche sans les regarder [9]. » On a ensuite parlé d'art tactile à propos du cinéma de Svankmajer, c'est-à-dire d'un art dont la création est dominée par le toucher, un art où ce qui est donné à voir est le résultat d'une manipulation quasi aveugle. Les frères Quay, dans leur film-hommage intitulé *The Cabinet of Jan Svankmajer, Prague's Alchemist of Film*, insistent d'ailleurs sur le caractère essentiel de cette démarche. Dans une séquence intitulée *A Tactile Experience*, ils montrent le maître, les bras enfoncés dans une boîte fermée, qui essaie de nommer ce qu'il touche, tandis que l'élève observe le contenu de la boîte par une lunette spécialement aménagée sur un de ses côtés.

Ces préoccupations, qui indiquent à quel point Svankmajer accorde de l'importance à sa propre perception tactile, accréditent l'hypothèse d'un cinéma dont le mouvement est guidé par le geste, par le toucher de l'artiste. Elles imposent aussi, appliquée à l'œuvre du cinéaste tchèque, l'idée d'une image qui soit la trace d'un geste,

---

9. Gianalberto Bendazzi, *Cartoons*, Paris, Liana Levi, 1991, p. 495.

reprenant ainsi l'un des leitmotive de l'*action painting* déjà évoqué à propos de Len Lye et de Pierre Hébert.

On voit donc, comme je l'indiquais au début de *cet* essai, que l'absence du corps affectant l'animation est à l'origine d'une véritable quête ; il s'agit d'un manque à partir duquel s'élabore toute une série d'expérimentations, de tentatives visant à le combler. Comme la quête de la troisième dimension et du mouvement ont déterminé une part importante de l'histoire de la peinture occidentale, comme celle de la voix et du son a servi de stimulant pour le développement du langage cinématographique à l'époque du muet, le paradoxe entre l'effacement du corps et la nécessité de le représenter est un défi auquel font constamment face les animateurs. Et face à un défi, si absurde soit-il, il y a deux attitudes possibles : le relever ou pas.

Le plaisir du sexe

J'AI TOUJOURS VOULU ÉCRIRE SUR LA PORNOGRAPHIE, sans trop savoir ce que j'en dirais. J'écris à propos du cinéma depuis une douzaine d'années et je n'en ai jamais eu l'occasion. Pourtant, je suis cinéphile, donc voyeur. C'est-à-dire que je prends plaisir à voir, à voir toutes sortes de choses, et que l'activité sexuelle fait partie de ces choses.

Lorsque j'ai commencé à réfléchir à propos de l'absence de corps en animation, la question du sexe a rapidement fait surface. Je me suis demandé comment, dans un art privé d'assise corporelle, on abordait le sujet. Peut-on concevoir un cinéma d'animation érotique, voire pornographique? Si on le peut, comment se développe-t-il et sous quelle forme?

Je suis donc parti à la recherche de la représentation sexuelle dans le cinéma d'animation. Beau prétexte pour fouiller dans les catalogues, les collections et les vidéoclubs. Dans cette quête du sexe, j'ai d'abord trouvé, remisés dans un coin de ma mémoire, certains films qui y faisaient allusion, vus plusieurs années auparavant; *Tarzoon, la honte de la jungle* (1975), *Le chaînon manquant* (1980) et *Big Bang* (1987), trois longs métrages du Belge Picha, et surtout le célèbre *Fritz the Cat* (1972), de l'Américain Ralph Bakshi. Ensuite, ce fut une avalanche de courts métrages comme *Instant Sex* (1979) de l'Américain Bob Godfrey, *Vol Van Gratie* (1987) de la Belge Nicole Van Goethem, *Sweet Dreams Luv* (1985) du Hollandais De Dames, *Strip-tease* (1977) des Italiens Bruno Bozzetto et Guido Manuli, *Sexy Lola Automatic* (1979) du Polonais Zbigniew Kaminski et *Sexy Linea* (1975) de l'Italien Osvaldo Cavandoli. À ceux-là succédèrent les productions pornographiques, comme cette série américaine produite par Oyz Films et diffusée en vidéo sous le titre «Seven Animated Quickies» (1975). Enfin, j'allai voir du côté de Tex Avery, du côté de ses loups masturbateurs et de ses aguichantes héroïnes de contes de fées. Je fis aussi un détour du côté de Betty Boop, la star popularisée par les frères Fleischer étant la référence obligée de l'érotisme dessiné.

Dans tout cela, il n'y avait que parodie, qu'immense farce visant à tourner en dérision l'inaccessible. En effet, le cinéma d'animation, quand on s'attarde à ces œuvres pour la plupart qualifiées de choquantes par ceux qui ont la charge de nous les vendre, offre du sexe une image burlesque. Il fait penser à quelqu'un qui s'acharne à ridiculiser ce qu'il ne possède pas et qu'il ne possédera jamais.

Rapidement, j'ai reconnu dans cette attitude un mécanisme de défense à l'encontre de l'absence de corps affectant l'animation. Un peu comme cette manie qu'a l'Américain Bill Plympton de profaner le corps, de lui faire subir tous les outrages pour compenser son absence. Je pense tout spécialement à *One of Those Days* (1988), court métrage où le corps humain est coupé, brûlé, mordu, aspiré, frappé, électrocuté, troué et écrasé avec un acharnement qui révèle un profond malaise chez ce cinéaste dont le travail se limite souvent à mettre en scène de tels simulacres de séances de torture (il faut aussi voir à ce propos *Your Face*, 1987 ; *How to Kiss*, 1989 ; ou *25 Ways to Quit Smoking*, 1989). Donc, l'humour sadomasochiste d'un Plympton s'inscrirait dans la même tendance qui consiste à ramener invariablement le sexe à un motif comique.

Parce que l'érotisme, celui qui consiste à louanger le plaisir sexuel, à en offrir un avant-goût, voire même à le susciter, est absent de la plupart de ces œuvres, sauf peut-être chez Avery où on remarque une réelle tension sexuelle, où le caractère incontournable et incontrôlable des pulsions sexuelles est sans cesse affirmé, dans une bonne humeur qui décourage toute opposition. On peut aussi faire une exception de l'ancêtre Betty Boop, dont l'image de *sex symbol*, parée de fausse innocence, s'impose avec une efficacité remarquable, au même titre que celle des héroïnes des films de prise de vue réelle. Betty Boop n'a d'ailleurs rien à envier à ces dernières puisque, comme les autres déesses de l'écran qui évoluent durant les années 1930, la *boop a doop girl* est une créature de rêve, artificielle et inaccessible. Elle n'est ni plus ni moins naturelle que Joan Crawford ou Clara Bow. Elle a cependant été créée pour séduire et exhibe invariablement, d'une aventure à l'autre, ses épaules dénudées et sa jarretière à la cuisse gauche. Rien d'étonnant, donc, à ce que le Hays Office[1] se soit acharné sur la star dessinée pour en faire l'une des premières victimes de la censure, en 1935.

Betty Boop mêlait l'humour au *sex-appeal*, et on n'a par la suite que rarement retrouvé un tel mariage. J'ai déjà écrit quelques lignes à propos des jeunes filles de Tex Avery,

---

1. Le républicain William H. Hays est le coauteur d'un code de moralité cinématographique, rédigé dans les années 1920, qui porte son nom. Ce code a longtemps marqué le cinéma américain. Par extension, on a appelé Hays Office l'instance chargée de l'application du code.

Figure 1   Dans plusieurs films de Tex Avery, les loups
masturbateurs côtoient les aguichantes héroïnes
de contes de fées. De cela découle une atmosphère de fête, une célébration du désir qui frôle
l'érotisme. (Coll. Marcel Jean.)

dignes héritières de la recette qui a fait le succès de Betty
Boop. Dessinées d'une main habile, épousant des proportions semblables à celles de la poupée Barbie, les héroïnes
averyennes ont tout du stéréotype de la femme fantasmée
par l'homme. Elles sont objet de désir et ce désir hypertro-
phié est le moteur des films où elles apparaissent. Les loups
lubriques qui les convoitent, personnages tout aussi stéréo-
typés, jouent cependant un double rôle. D'un côté, ils permettent à la tension sexuelle de se cristalliser. De l'autre,
l'excès apporté dans leur graphisme et leur mouvement
(qui s'oppose au réalisme de convention du mouvement
des femmes) dédramatise la situation. De là une atmosphère de fête, une célébration du désir qui frôle l'érotisme.
   L'humour du Belge Picha (Jean-Paul Walravens), reposant sur de fréquentes allusions sexuelles, ne va pas dans le

Figure 2 L'humour sadomasochiste manifesté par Bill Plympton dans des films comme *How to Kiss* s'inscrit dans la tendance qui consiste à ramener invariablement le sexe à un motif comique. (Coll. Cinémathèque québécoise.)

même sens. Ici, c'est l'irrévérence qui prime, l'exploitation quasi systématique du mauvais goût héritée du magazine satirique *Hara Kiri* auquel l'animateur et dessinateur a collaboré. Avec sa reine aux quatorze seins, ses soldats en forme de bite et son singe lubrique, *Tarzoon, la honte de la jungle* est un bon exemple de l'esprit qui règne dans le cinéma de Picha. Humour de collégien sans prétention qui n'a de sexuel que le sujet.

Le célèbre *Fritz the Cat,* de Ralph Bakshi, est aussi construit sur une volonté d'irrévérence. Sexe, drogue et rock'n'roll sont les éléments de cette satire, souvent drôle mais plutôt inoffensive, du milieu de la contre-culture du début des années 1970. Comme chez Picha, la dimension érotique est absente. Le spectateur n'est jamais impliqué intimement dans la représentation sexuelle. Le film vaut

Figure 3   Le célèbre *Fritz the Cat* de Ralph Bakshi, est
construit sur une volonté d'irrévérence. (Coll.
Cinémathèque québécoise.)

surtout par la façon dont il élargit le spectre des thèmes
abordés dans le long métrage d'animation américain.

Dans le lot des courts métrages à sujet sexuel qu'il m'a
été donné de voir (dont plusieurs ont été nommés plus
haut), j'ai déjà expliqué à quel point la parodie (souvent
lourde, d'ailleurs) domine. Il y a bien quelques exceptions,
comme *Quod Libet* (1977), du Néerlandais Gerrit van Dijk.
Mais, dans ce dernier film, les métamorphoses qui font se
succéder pénétrations, fellations et autres gestes de nature
sexuelle ne donnent lieu qu'à une illustration purement
décorative. Hors contexte, privés de contrechamp, ces bou-
ches, pénis et vagins qui s'agitent n'ont d'autre portée que
l'admiration respectueuse suscitée par le professionnalisme
du cinéaste.

On ne peut en dire autant des désolantes productions
pornographiques regroupées dans « Seven Animated

Quickies » (sept très courts films aux titres évocateurs comme *The Rape of Sleeping Beauty, Sperm of an Idea* et *Wet Snow White*) dont l'animation rudimentaire et le graphisme hideux suffisent à rebuter le plus courageux des spectateurs.

En somme, s'il n'existait que cela, on pourrait presque en conclure à l'échec généralisé du cinéma d'animation à créer une tension sexuelle. Parce que ni l'exemple de Betty Boop, ni celui d'Avery ne suffiraient à inverser la tendance. D'autres cinéastes, comme les frères Quay et Jan Svankmajer — dont on a déjà analysé le travail[2] —, ont cependant réussi à inscrire cette tension dans leur œuvre. Par leur travail sur le corps, ils ont su traiter la dimension sexuelle. Dans ces deux cas, on est tout de même loin de l'érotisme. C'est plutôt le malaise sexuel qui s'exprime dans leur travail. Malaise devant le désir enfoui qui surgit soudain au milieu d'un cauchemar surréaliste. Malaise devant la chair qui s'offre dans les films des Quay comme la viande étalée sur la table d'un boucher.

Malaise semblable à celui qu'on ressent en visionnant *Théâtre de M. et Mme Kabal* (1967), de cet érotomane notoire qu'est le Polonais Walerian Borowczyk[3]. Je pense particulièrement à ce moment du film pendant lequel Mme Kabal est étendue sur son lit, sa large poitrine battante, tandis que son mari se rend au cinéma pour voir un documentaire anatomique intitulé *Le corps profond*. Inspiré par ces images d'entrailles, le petit homme retourne auprès de sa femme, lui coupe la *tête* à l'aide d'une scie, lui pique

---

2. Voir l'essai intitulé « Le poids des corps », p. 71.

3. Je ne ferai pas l'erreur d'inclure l'ensemble du travail de Borowczyk dans cette appréciation, car plusieurs de ses longs métrages de prise de vue réelle sont des œuvres ouvertement érotiques et procèdent donc d'intentions différentes : *Intérieur d'un couvent, Emmanuelle 5*, etc.

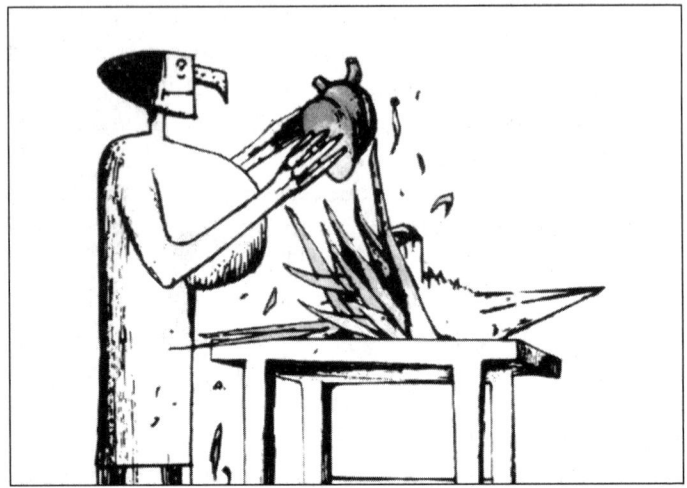

Figure 4   Walerian Borowczyk suscite le malaise sexuel dans *Théâtre de M. et Mme Kabal*, un bien cruel spectacle où des êtres insensibles se meuvent comme des machines. (Coll. Cinémathèque québécoise.)

la poitrine avec de longues aiguilles, puis pénètre tout entier dans l'édifice complexe de son corps, d'où il observe des nymphettes à l'aide de ses jumelles.

Mêlant dessins animés et prise de vue réelle, Borowczyk livre dans ce film une imagerie tourmentée, un bien cruel spectacle où des êtres insensibles se meuvent comme des machines. Désespérant par moments, fascinant à d'autres, *Théâtre de M. et Mme Kabal* a donc l'immense mérite de susciter un trouble intime chez le spectateur.

Avec les Quay, Svankmajer et le Borowczyk de *Théâtre de M. et Mme Kabal*, les plaisirs du sexe ne sont pas à l'honneur. Chez eux, la sexualité s'impose comme l'une des forces qui dominent l'homme. Mais cette force appartient au domaine de l'inavouable. Ainsi s'exprime-t-elle par des débordements, dans une atmosphère trouble, souvent baignée de violence.

Mieux que le cinéma de prise de vue réelle, un certain cinéma d'animation a su traduire ce malaise associé à l'inconscient. Cela s'est fait dans un mouvement qui vise à obliger le spectateur à regarder ce qu'il ne voudrait pas voir. Voilà pourquoi le visionnement des films des Quay, de Svankmajer et de Borowczyk est souvent une expérience douloureuse. On n'en sort pas indemne.

Comme la peinture de Francis Bacon, comme *Les chants de Maldoror* de Lautréamont, ces œuvres bouleversent au sens où, brutalement, elles installent le désordre chez le spectateur. Dans un élan de catharsis inversée, ces œuvres ne nous purifient pas, elles nous laissent « sales » et conscients de cette « saleté ». C'est là leur inconfortable réussite.

Tout compte fait, je constate sans surprise que je n'ai que bien peu parlé de l'érotisme annoncé dès le titre de ce texte. Les dés sont souvent pipés lorsqu'un auteur aborde un sujet en étant persuadé qu'il n'y trouvera pas grand-chose. C'était ici mon cas. Alors, une fois constatée la quasi-absence d'un véritable érotisme dans le cinéma d'animation, je savais bien qu'il me faudrait changer de direction. On aura compris qu'à travers ce glissement progressif du plaisir vers le malaise, j'ai voulu ajouter une sorte d'annexe à l'essai précédent (« Le poids des corps »). Annexe qui est aussi une porte ouverte, parce que la question du corps dans le cinéma d'animation est un territoire si vaste et si fertile que j'ai le sentiment qu'il faudrait des centaines et des centaines de pages pour en tracer la topographie de manière satisfaisante.

J'imagine *cet* espace à conquérir et je vois apparaître, comme dans un vieux western, un vieil homme qui le pointe du doigt en disant : « Go West ! Young man. » Je regarde l'homme, puis je me tourne vers le territoire qu'il m'indique. Je sais que je n'atteindrai probablement jamais les limites de ce pays immense. Mais je sais aussi que si j'avance de quelques pas, il en restera moins à parcourir. Alors j'avance...

Raconte-moi une histoire

C'EST CHOSE CONNUE que le cinéma de prise de vue réelle, à cause des impératifs commerciaux, des questions de distribution, d'exploitation et de diffusion, et à cause d'impératifs idéologiques liés au système économique qui le détermine, a développé des modes de récit auxquels se conforment la très grande majorité des films. De même, le cinéma de prises de vues réelles présente généralement l'image d'un cinéma de fiction ET de long métrage, un cinéma qui respecte une forme de progression dramatique dont Syd Field, entre autres, fait l'apologie dans son guide pratique intitulé *Scénario*[1].

On constate, lorsqu'on survole l'histoire du cinéma d'animation, que celui-ci, majoritairement, ne s'est pas conformé à ces modes de récit. C'est-à-dire que si certains films ressemblent à s'y méprendre, du point de vue narratif, à des longs

---

1. Syd Field, *Scénario,* Montréal, Les Éditions Merlin, 1990, 281 p.

métrages de fiction de prise de vue réelle, ceux-là restent l'exception. Paradoxalement, ces films, souvent dirigés par Walt Disney ou par ses émules (Don Bluth en tête), comptent parmi les plus connus, et les plus reconnus, de l'histoire de l'animation. Ils le sont, en fait, justement parce qu'ils profitent, à cause de leur conformité aux genres, du circuit d'exploitation mis en place par la grande industrie du cinéma. Leur format — le long métrage — est garant de leur distribution, leur genre — par exemple ces récits d'initiation et d'intégration maquillés en comédies musicales que sont *Le livre de la jungle* (Wolfgang Reitherman, 1967), *Pinocchio* (Ben Sharpsteen et Hamilton Luske, 1940) et *Le roi lion* (Rogers Allers et Rob Minkoff, 1994), trois productions du studio Disney, ou encore *Fievel au Far West* (Phil Nibbelink et Simon Wells, 1991), produit par Don Bluth — garant de leur succès.

Mis à part le modèle mis au point par Disney, le cinéma d'animation a connu deux autres formes commercialement rentables (si l'on fait exception de la publicité) : la série télévisée et le cartoon. Encore une fois, la série télévisée a vu l'animation se conformer, plus souvent qu'autrement, aux lois mises en avant par le cinéma de prises de vues réelles : tantôt la comédie de situation [2] (*The Flinstones, The Jetsons*), tantôt le *sériai* (certaines séries japonaises, *Goldorak* en tête). Même *The Simpsons,* série intéressante graphiquement par l'outrance de ses caricatures, est un objet d'une conformité absolue lorsqu'on l'aborde sur le plan strictement narratif. Encore une fois c'est le modèle de la comédie de situation qui prévaut, avec un goût démesuré pour le second degré et la parodie (on ira jusqu'à refaire certains passages de *Citizen Kane* ou jusqu'à reprendre la trame narrative de *Cape Fear,* au grand plaisir des cinéphiles).

---

2. Ce qu'aux États-Unis on appelle *sitcom.*

Le cartoon, en fait, apparaît plus révélateur et plus stimulant par la liberté avec laquelle on y aborde parfois le récit. D'abord, on y recycle les formes en vigueur dans le burlesque, formes presque abandonnées par les cinéastes à l'arrivée du parlant et avec la généralisation du long métrage comme seul format exploitable. Ainsi — les producteurs des *Simpsons* s'en souviendront —, on y retrouve profusion de parodies (les chaperons rouges de Tex Avery, *Betty in Blunderland* des Fleischer, avec Betty Boop en Alice, Daffy Duck aux prises avec le docteur Jekyll et M. Hyde dans *The Impatient Patient* de Norman McCabe, 1942, etc.). On y retrouve aussi quantité de récits-poursuites, de films dans lesquels l'alibi narratif est rapidement abandonné au profit de folles courses, de coups et de tartes à la crème (Avery et son personnage nommé Screwy Squirrel offrant le parangon du genre). Enfin, partant de là, le cartoon pousse à l'extrême cette tendance du burlesque — particulièrement forte chez ce pionnier qu'est Mack Sennett — qui consiste à faire éclater le récit au profit de la poursuite. Chuck Jones, avec les aventures de Wile E. Coyote et du Road Runner, arrive à un point limite de refus des conventions narratives lorsqu'il construit ses films au détriment de toute progression, se contentant de multiplier à l'infini une situation de base extrêmement simple (le coyote veut manger le Road Runner) dont l'issue est évidemment prévisible, cela sans jamais changer de décors, ni faire évoluer ses personnages dont la psychologie est totalement figée. Même Sennett, pourtant féru d'improvisation et peu enclin à développer des histoires complexes, n'aura jamais atteint ce degré d'abstraction narrative. Si, chez Sennett, le gag est roi, chez Jones il est à la fois souverain et sujet (dans tous les sens des termes). Mais le mépris de Jones à l'endroit de la progression dramatique lui permet aussi d'exprimer une singulière idée du monde. Car si Wile E. Coyote réapparaît

Figure 1 Chuck Jones, avec les aventures de Wile E. Coyote et du Road Runner, arrive à un point limite de refus des conventions narratives. Chaque film de la série multiplie à l'infini une situation de base extrêmement simple : le coyote veut manger le Road Runner. L'issue est évidemment prévisible. (Coll. Cinémathèque québécoise.)

invariablement intact et prêt à recommencer après chacune de ses déconfitures, c'est qu'il incarne une certaine condition humaine, une sorte de Sisyphe burlesque déterminé à continuer malgré l'absurdité du monde qui ne lui laisse aucun répit. Wile E. Coyote est un modèle ; sa ténacité fait sa grandeur et sa vulnérabilité, son humanité. Ici, l'efficacité comique autant que philosophique du système de Chuck Jones prend sa source dans le respect rigoureux des nombreuses contraintes qu'il se donne et qui font de cette série une suite de variations sur un thème, dans l'esprit des compositions musicales ainsi nommées.

Leonard Maltin fait remarquer que « dans l'histoire des cartoons hollywoodiens il n'y a jamais eu une autre série où autant de règles de base sont appliquées consciemment[3]. » Il a raison. Mais, cependant, la volonté de Jones de refuser toute forme de progression dramatique au profit de la fétichisation du gag va faire son chemin dans l'histoire de l'animation, même si son application ne sera pas toujours des plus rigoureuses. Elle est, par exemple, au centre des nombreux épisodes de « Tom and Jerry », de William Hanna et Joseph Barbera, ou d'un film comme *The Cat Came Back* (1988), du Canadien Cordell Barker — quoique dans ce dernier cas, l'inflation tienne lieu de progression dramatique.

Lorsqu'on sort de ces courants commercialement forts de l'histoire de l'animation, on se rend compte que l'éclatement narratif est encore plus grand. En animation, l'absence de prise de vues réelles, l'absence de corps d'acteurs et aussi l'absence de son direct tendent à amoindrir la référence obligée au réel, mais aussi au théâtre et au roman. Nous ne sommes plus soumis à ce que Bazin appelait « le réalisme ontologique de l'image photographique », non plus qu'aux autres formes d'art naturaliste. L'animation renvoyant davantage aux arts visuels (qui, au XXᵉ siècle, sont dominés par l'abstraction ou par l'éclatement de la figuration), l'animation étant intimement liée à la musique à cause de l'absence de son direct, enfin, l'animation étant liée à la poésie par son format (souvent bref) et par la liberté de son rapport au réel déjà évoqué, par l'importance qu'y occupe le rythme et par la suggestion de ses images, l'animation, donc, pour toutes ces raisons, a développé des stratégies narratives qui la rapprochent souvent du cinéma

---

3. Cité par Giannalberto Bendazzi, *Cartoons*, Paris, Liana Levi, 1991, p. 197.

expérimental, ou qui à tout le moins innovent par rapport au cinéma de prise de vue réelle.

Cela dit, il ne faut pas sous-estimer, dans cette attitude de rupture des cinéastes d'animation, l'importance de la ghettoïsation dont ils sont victimes. On sait, en effet, que l'underground américain, avec ses expériences radicales qui sont à l'origine de films à la fois démesurément longs et minimalistes (comme *Empire* d'Andy Warhol) ou encore de films axés essentiellement sur le clignotement de l'image (comme *T.O.U.C.H.I.N.G.* de Paul Sharits), est né à la suite de l'incapacité des cinéastes indépendants américains de créer dans leur pays un équivalent à la Nouvelle Vague française. Car si, en France, à la fin des années 1950, les jeunes cinéastes comme Truffaut, Godard et Chabrol ont réussi à s'introduire dans l'industrie du cinéma et à en modifier les modes de production, l'industrie américaine, plus forte et plus rigide, est de son côté restée imperméable aux pressions exercées par les jeunes cinéastes indépendants. La réaction de ceux-ci fut donc de rejeter totalement les règles de l'industrie et de radicaliser leur démarche. « Vous ne voulez pas de nous, par conséquent nous ne voulons pas de vous et vous ne pourrez pas nous récupérer. » On pourrait formuler ainsi l'attitude de ces cinéastes qui réalisèrent alors des films inexploitables dans les réseaux de salles liés à l'industrie, des films trop courts ou trop longs, films à tendance non narrative qui remettaient le cinéma en cause jusque dans ses fondements théoriques[4].

L'expérience de l'underground américain est révélatrice lorsqu'on aborde le développement du cinéma d'animation. Souvent tenus de réaliser des films courts parce que le long métrage exige du temps et des moyens dont ils ne dis-

---

4. Voir à ce propos P.E. Sitney, *Visionary Film. The American Avant-Garde*, New York, Oxford University Press, 1974.

posent pas, les cinéastes d'animation sont d'emblée exclus des circuits d'exploitation normaux. Conséquemment, ils n'ont pas à se soumettre aux règles de ces circuits. Consciemment ou non, ils peuvent donc réagir en faisant exploser les conventions narratives. On perçoit d'ailleurs cet éclatement dans le cinéma de court métrage réalisé en prise de vue réelle. Souvent tourné en marge de l'industrie, ce cinéma refuse plus souvent qu'autrement de se laisser mouler par les modes de récit privilégiés dans le long métrage.

Quoi qu'il en soit, disons qu'on aurait tort d'attribuer à un seul facteur la diversité des structures narratives qu'on retrouve dans le cinéma d'animation. Résumons le tout en affirmant qu'il s'agit plutôt d'une conjugaison de facteurs qui tiennent autant de la définition du cinéma d'animation que de son statut dans l'industrie du cinéma.

On trouve dans le cinéma d'animation une solide tendance abstraite, portée par les Allemands Hans Richter (*Rythmus 21*, 1921) et Oskar Fischinger (*Composition en bleu*, 1935), le Néo-Zélandais Len Lye (*Free Radicals*, 1958) et le Canadien Norman McLaren (*Begone Dull Care*, 1949), quatre cinéastes dont les films sont commentés ailleurs dans ce livre[5]. On considère généralement comme non narratives les œuvres rattachées à cette tendance. Faisant évoluer des lignes, des signes ou des formes géométriques, ces films donnent en effet du fil à retordre au spectateur auquel on demande de préciser ce qu'ils racontent. Sans entrer dans des considérations théoriques fastidieuses, il faut tout de même rappeler qu'un film est toujours un récit. Ainsi, si on prend l'exemple de *Free Radicals*, on peut dire que Len Lye y raconte la danse d'une série de lignes brisées au son d'une musique tribale. Dans son minimalisme, le film

---

5. Voir l'essai intitulé « Entends-tu ce que je vois ? », p. 119.

demeure narratif. Il raconte. Pourquoi? Sans doute parce
que, art du temps, le cinéma implique un déroulement, il
implique une succession d'images, donc une succession
d'événements.

À l'extérieur de ce courant abstrait, certains films comme
LMNO (1978), de l'Américain Robert Breer (d'ailleurs associé à l'underground), explorent aussi l'amenuisement narratif. L'intérêt et la singularité d'un film comme *LMNO*
tiennent d'ailleurs en bonne partie à son caractère résolument figuratif. Breer y fait se succéder et se croiser divers
objets — un avion, des parties du corps, etc. — selon des
impératifs uniquement plastiques. L'agencement des formes
est marqué par le refus du récit soutenu, mais aussi par le
refus du message, du propos. Breer, qui ne fait aucune différence entre la figuration et l'abstraction, comme il n'en fait
pas entre la prise de vue réelle et l'animation (plusieurs de
ses autres films le démontrent), participe ainsi à une redé-
finition du cinéma. L'apparente gratuité de *LMNO* tient de
la provocation, mais elle tient aussi du manifeste. Cela est
paradoxal, me direz-vous, dans un film qui refuse de véhicu-
ler un message. C'est que ce refus de message nous force à
constater que sans progression dramatique, sans le moindre
soupçon de psychologie, sans la logique qui supporte habituellement la narration, il y a toujours du cinéma. Tout cela
sans l'alibi commode de l'abstraction. Par sa libre association de motifs visuels, *LMNO* anticipe l'éclatement du
montage, la fragmentation qui caractérisera le vidéoclip.
Cependant, Breer refuse de soumettre son film à la linéa-
rité d'une pièce musicale, et la bande sonore qu'il concocte
est, comme la bande image, formée d'éléments hétéroclites
qui contribuent à accentuer le tourbillon des sens.

Devant des films comme celui de Breer, mais aussi devant
quantité d'expériences moins radicales et moins dérou-
tantes, je constate encore une fois que le cinéma d'animation

Figure 2   *Souvenirs de guerre*, de Pierre Hébert, s'inscrit dans
la lignée du théâtre épique de Brecht. Il s'agit
d'une œuvre distanciée qui exige du spectateur
une attitude critique par rapport au réel et à sa
représentation. (Photo : ONF.)

est le lieu de formidables audaces narratives. Je ne pourrais
énumérer ici les noms de tous les cinéastes qui m'étonnent
par la manière originale qu'ils ont de raconter une histoire.
La liste serait si longue que je n'en viendrais jamais à bout.
Je me contenterai donc de quelques exemples qui s'imposent
immédiatement à mon esprit. Je pense aux films de Pierre
Hébert. À la complexité de son admirable *Souvenirs de guerre*
(1982). S'y côtoient la gravure sur pellicule et le papier
découpé. S'y côtoient les sons concrets et une chanson traditionnelle qui vient commenter l'action. S'y côtoient des
images quotidiennes (une femme allaitant son enfant, un
homme travaillant à l'usine, etc.) et des envolées lyriques
d'une puissance exceptionnelle (sur les étalages d'un super-
marché, les fruits éclatant comme des bombes).

Souvenirs de guerre, comme *Entre chiens et loup* (1978) auparavant, prouve que Pierre Hébert a su transposer au cinéma d'animation certaines idées chères à Brecht. Le cinéaste a su trouver une façon d'inscrire ses films dans la lignée du théâtre épique. Œuvres distanciées, qui exigent du spectateur une attitude critique par rapport au réel et à sa représentation, *Entre chiens et loup* et *Souvenirs de guerre* proposent une analyse politique aiguë de l'actualité qu'ils abordent. Dans les deux films, il s'agit de parler des conséquences des grands enjeux économiques sur la vie de simples citoyens. Réalisé en 1978, *Entre chiens et loup* annonce les crises économiques de 1982 et de 1992. Terminé en 1982, *Souvenirs de guerre* précède d'une décennie la guerre du Golfe qu'il semble pourtant décrire.

J'ai fait la curieuse expérience de montrer ces films à des étudiants, à l'Université de Montréal, entre 1991 et 1993. Chaque fois, une large partie de l'assistance était bouleversée par la justesse avec laquelle le cinéaste décrivait l'histoire récente. Nombreux étaient ceux qui avaient peine à croire que ces films précédaient de dix ans les événements qu'ils semblaient commenter. D'autant plus que la richesse et la rigueur formelles des films faisaient en sorte qu'ils n'avaient pas vieilli. Aujourd'hui, alors que pratiquement plus personne ne se réclame des idées de Brecht, ces deux films de Pierre Hébert conservent leur valeur. Ils résistent au temps et démontrent la pertinence de chercher d'autres façons de raconter une histoire au cinéma.

Dans l'œuvre d'Hébert, je pourrais citer quantité d'autres courts métrages singuliers sur le plan narratif; *Ô Picasso: Tableaux d'une surexposition* (1985), qui emprunte la structure de l'exposition (avec son découpage en huit tableaux) pour nous faire visiter l'univers du peintre et commenter la surmédiatisation dont son œuvre fait l'objet; *Chants et danses du monde inanimé: Le métro* (1985), qui installe une

Figure 3   Le récit fragile *Ah ! vous dirai-je maman* ne se
cristallise que si le spectateur y est complètement
attentif. Comme si la cinéaste, Francine Desbiens,
chuchotait à l'oreille du spectateur l'histoire d'une
femme que nous ne connaîtrons que par les lieux
qu'elle a habités. (Photo : ONF.)

véritable équivalence entre le parcours répétitif du métro et
la structure musicale où alternent refrain et passages libres.
Je m'arrête pourtant, avant qu'on m'accuse d'accorder trop
d'importance au travail de cet artiste dont les films occu-
pent une grande place dans mon panthéon personnel.

Je m'arrête aussi de parler des films d'Hébert parce que
je sens l'urgence d'écrire quelques lignes à propos de *Ah!
vous dirai-je maman* (1985), de Francine Desbiens. Il s'agit
d'un film discret, d'un récit pudiquement chuchoté à
l'oreille du spectateur. C'est l'histoire d'une vie. L'histoire
d'une femme que nous ne connaîtrons que par les lieux
qu'elle a habités, que par les objets qui l'auront entourée.

Sans dialogue, avec pour trame sonore la musique de
Mozart, Francine Desbiens transforme progressivement

une pièce en y modifiant l'ameublement, en y ajoutant ou en y enlevant un accessoire. Tout au long du film, la vie fait son chemin. La petite fille grandit, devient une femme, se marie. Les traces de ce changement sont là, tangibles, sans que jamais personne n'apparaisse à l'écran. Grâce à ses bouts de papier découpé, la réalisatrice organise un récit elliptique et mystérieux. Je dis mystérieux parce que *Ah! vous dirai-je maman* est un film plein de silence, qui refuse de s'expliquer, qui attend que le spectateur vienne à lui. Et sa beauté réside justement dans sa discrétion. Le lent mouvement de la vie, qui est le sujet du film, n'est jamais spectaculaire. Il est plutôt implacable et régulier. Il avance à un rythme imperceptible à qui ne s'y attarde pas.

Ainsi, le récit fragile de *Ah! vous dirai-je maman* ne se cristallise que si le spectateur y est complètement attentif. J'aime y voir l'ultime propos de la cinéaste : quand on est disponible à la vie, elle apparaît. Belle conclusion pour un film chargé de détails autobiographiques, un film qui est pour Francine Desbiens une sorte de retour sur sa propre existence.

On pense rarement le cinéma d'animation en fonction des explorations narratives qui y sont menées. C'est probablement que nous sommes obnubilés par les formes dominantes du cartoon, par le conformisme des séries et des longs métrages disneyens. Pourtant, la diversité des modes de récit caractérise l'ensemble de la production du cinéma d'animation. Pour l'observateur, ce large éventail est l'un des aspects les plus stimulants de ce cinéma. On aurait tort de ne pas s'y arrêter.

Entends-tu ce que je vois ?

Le musicien québécois Normand Roger, bien connu notamment pour sa collaboration aux films oscarisés de Frédéric Back *(Crac!*, 1981, et *L'homme qui plantait des arbres,* 1987), a un jour fait cette affirmation : « C'est la grande différence d'avec le cinéma [de prises de vues réelles]. Ici, pas de prise de son extérieure, simultanée ou préalable : le champ des possibles est ouvert[1]. » Par ces deux courtes phrases, Roger insistait sur un aspect fondamental de la place du son dans le cinéma d'animation : l'absence d'un son direct, d'un son synchrone, le caractère synthétique de la bande sonore. En effet, si le cinéma d'animation exige que le mouvement soit produit plutôt que reproduit, il en va de même du son.

---

1. Pascal Vimenet, « Normand Roger : composition et écoutes cinétiques », *CinémAction* n° 51, Paris, 1989, p. 190.

Certains diront que de nos jours, on ne trouve pas plus de son direct, c'est-à-dire de son enregistré lors du tournage, dans le cinéma de prises de vues réelles que dans le cinéma d'animation. C'est vrai, la grande industrie a de plus en plus tendance à refaire systématiquement tout le travail sonore en studio. Pas un craquement de porte qui ne soit bruité, pas une réplique qui ne soit postsynchronisée. C'est désormais la règle dans la majorité des longs métrages. Mais on continue toujours, pendant le tournage de ces films, à faire ce qu'on appelle du son témoin. C'est-à-dire qu'un technicien enregistre le son correspondant à chaque prise pour que cette bande puisse servir de guide au concepteur sonore. Il y a donc presque toujours, dans le cinéma de prise de vue réelle, un geste qui d'emblée, pour paraphraser Normand Roger, vise à fermer le champ des possibles. Lorsque la technologie du sonore a été au point, seul le cinéma d'animation est donc resté marqué par un silence d'origine, par un vide synonyme d'immobilité, de mort (puisque le mouvement c'est la vie) qu'il allait falloir combler[2].

Ce creux, ce manque, ce trou, on a eu tendance à le combler par l'utilisation de la musique. Comme au temps du cinéma muet, d'ailleurs, puisque dès la première projection des frères Lumière, en 1895, quelqu'un s'était mis au piano, probablement à l'invitation des cinéastes. Libre de toute attache littéraire et surtout théâtrale — contrairement au cinéma de prise de vue réelle —, le cinéma d'animation a toujours entretenu des rapports privilégiés avec la musique. Dès l'époque muette, de brillants expérimentateurs comme l'Allemand Hans Richter (*Rythmus 21*, 1921) et le Danois Viking Eggeling (*Symphonie diagonale*, 1925) s'échinent d'ailleurs à créer des rythmes visuels.

---

2. Voir à ce propos Michel Chion, *Le son au cinéma*, Paris, Éditions Cahiers du cinéma, 1985, p. 112-113.

Avec *Rythmus 21* et les autres courts métrages appartenant à cette série, Richter affirmait que le film était rythme, c'est-à-dire musique. Pour ce faire, il y animait des formes géométriques découpées, faisant se déplacer carrés et triangles. On peut, aujourd'hui, constater les limites de cette affirmation. En effet, l'impression de durée, les rapports de succession entre les tons et la charge émotive qui en découle ne sont pas saisis par l'œil avec la même force et, surtout, avec la même clarté que par l'oreille. Mais il n'en demeure pas moins que le travail de Richter a le mérite d'explorer une avenue nouvelle et d'ouvrir la voie à ceux qui tenteront, une fois le cinéma devenu sonore, de marier musique et formes abstraites.

Quant à Vikking Eggeling, sa *Symphonie diagonale,* plus réussie techniquement et plus satisfaisante sur le plan graphique que les premières réalisations de Richter, se présente comme un tableau évoluant dans le temps. Là aussi on apprécie le caractère novateur de l'expérimentation, doublée ici d'une pureté dans la disposition et l'évolution des lignes qui suscite l'admiration. Mais, encore une fois cependant, on constate les limites de l'hypothèse théorique soutenant la démarche du réalisateur. Le cinéma, en effet, sans le support sonore, n'arrive que faiblement à imprimer un rythme dans la mémoire du spectateur. La mémoire visuelle, contrairement à la mémoire auditive, est efficace dans sa perception de l'espace et non de la durée. Si le cinéma d'animation est intimement lié à la musique, il ne peut toutefois se substituer à elle. Voilà le constat sur lequel débouchent de telles expérimentations.

Dès le début du cinéma sonore, plusieurs films d'animation américains prennent la forme de ce qu'on appelle aujourd'hui des « clips », c'est-à-dire que ce sont des courts métrages qui servent à illustrer une chanson. On peut citer en exemple certains courts métrages de la série « Betty

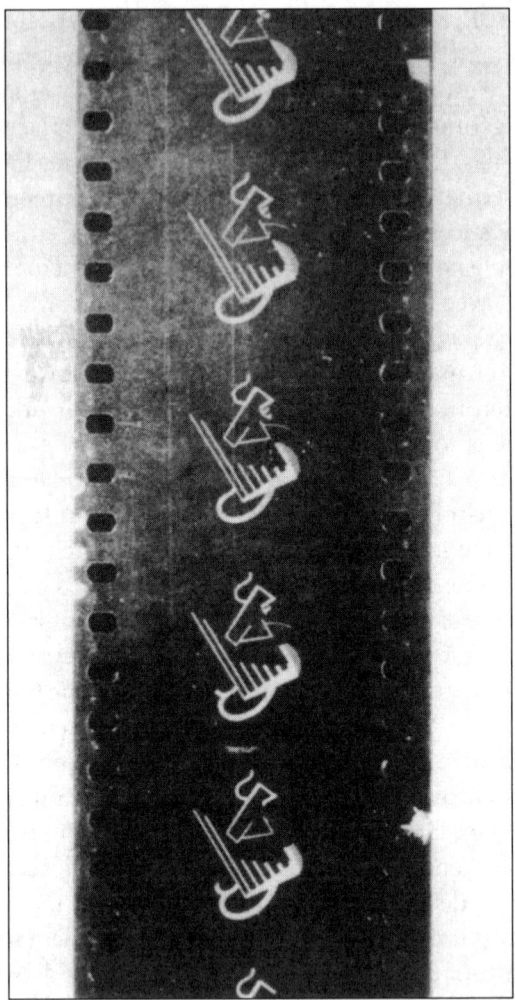

Figure 1   On voit ici cinq photogrammes de *Symphonie diagonale*, de Vikking Eggeling, un film qui se présente comme un tableau évoluant dans le temps.

Boop » (créée par les frères Fleischer) réalisés dans les années 1930 et construits autour de pièces musicales d'artistes reconnus comme Louis Armstrong *(You Rascal You)*, Maurice Chevalier *(Hello Beautiful!)* et Cab Calloway *(Minnie the Moocher,* probablement le meilleur film de la série). Les frères Fleischer font d'ailleurs figure de pionniers dans ce domaine puisque, en 1929, ils mettent sur pied la série « Song Car-Tunes », dans laquelle ils introduisent le principe de la *bouncing bail,* cette petite balle qui rebondit sur les paroles des chansons, inscrites à l'écran, pour aider le public à chanter en chœur. On sait qu'auparavant, dans les spectacles de variétés, un animateur se chargeait d'amener l'assistance à entonner quelques chansons populaires. Le cinéma prenait donc le relais, avec beaucoup d'efficacité puisque sur l'écran apparaissaient à la fois les paroles et quelques images amusantes les illustrant.

Aussi en 1929, Disney met en chantier les *Silly Symphonies,* laissant à Carl Stalling le soin d'y superviser la musique. Le travail de celui-ci se distingue alors par la musicalisation de l'ensemble de la bande sonore. Chaque cri d'animal *(Farmyard Symphony)*, chaque piaillement d'oiseau *(Birds in the Spring)*, chaque craquement de porcelaine *(The China Shop)* s'inscrit dans une partition musicale ininterrompue. De plus, Stalling se distingue par la façon dont il souligne, à l'aide d'un équivalent musical, tout mouvement apparaissant à l'écran. *The Flying Mouse,* avec ses fuites et poursuites, avec ses envolées et ses chutes, offre au compositeur l'occasion d'y aller d'autant de figures musicales ascendantes ou descendantes, d'autant de glissandos et d'effets de pur synchronisme. Le procédé, qu'on appellera plus tard de manière péjorative le *mickeymousing* (allusion directe au travail de Stalling), fera école dans le cinéma d'animation mais aussi dans le cinéma de prise de vue réelle, Max Steiner l'amenant à sa limite dans *Le mouchard* de

John Ford, où une trame musicale continue souligne et commente l'action en intégrant à sa partition l'ensemble des effets sonores du film.

Parallèlement à cela, plusieurs cinéastes, tentés par l'abstraction, travaillent à l'élaboration de rythmes visuels dans la lignée des réalisations de Richter et d'Eggeling. Contentons-nous ici de dire quelques mots à propos des deux plus célèbres : le Néo-Zélandais Len Lye *(A Colour Box,* 1935) et l'Allemand Oskar Fischinger *(Optical Poem,* 1938). Réalisant *Optical Poem,* Fischinger réussit à marier des formes abstraites avec la deuxième *Rhapsodie hongroise* de Franz Liszt. Dans cette œuvre et dans d'autres films du même genre, il cherche non seulement à donner visuellement une équivalence rythmique à la musique, mais aussi une équivalence plastique lorsqu'il fait correspondre sons graves et lignes courbes, sons aigus et formes pointues, cassantes. Le réalisateur va même jusqu'à donner des équivalences chromatiques à la musique. Il avait amorcé des recherches en ce sens en 1933, dans des œuvres comme *Composition en bleu* (complétée en 1935) — sur la musique d'Otto Nicolaï intitulée *Les joyeuses commères de Windsor* —, ce qui fait de lui un pionnier dans l'utilisation de la couleur. C'est cette rigueur dans l'analyse musicale qui permet à Fischinger de mettre en scène de véritables ballets visuels, des chorégraphies abstraites qui ont le mérite d'amplifier l'impact émotif créé par la musique en sollicitant un deuxième sens, en l'occurrence la vue qui s'ajoute à l'ouïe.

L'utilisation, par le cinéaste, de formes abstraites a l'insigne avantage de préserver le mystère de la musique, de ne pas lui attribuer un sens fermé et de ne pas en faire un élément secondaire en la cantonnant dans le rôle de support à une histoire que raconteraient les images. Ainsi, Fischinger préserve donc le rapport essentiellement émotif, la «sensualité» qui détermine la relation entre la musique et l'auditeur, devenu ici spectateur.

Le travail de Len Lye va dans le même sens, mais témoigne d'une fascination pour le rythme qui transcende tout le reste, Lye semblant s'intéresser non pas aux formes en mouvement mais au mouvement lui-même. On dirait en effet qu'il cherche à communiquer le mouvement, c'est-à-dire à le faire partager, plutôt qu'à le montrer. C'est du moins l'impression très forte qui se dégage d'œuvres comme *A Colour Box* et, surtout, *Free Radicals* (1958)[3]. La réussite indéniable de ces films de pur rythme, de ces odes au mouvement, tient donc à leur capacité de prolonger, pour paraphraser André Bazin, le plus loin possible l'expérience de la musique. Ces films sont affaire de sensation et provoquent chez le spectateur une sensation purement physique, comme le feront plus tard certains films expérimentaux associés à la tendance structurelle (tout particulièrement les films dont le dispositif repose sur l'effet de clignotement).

Dans les années 1940, quantité de séries axées sur la musique populaire apparaissent: «Swing Symphonies», produite par Walter Lantz et «Screen Songs», produite chez Paramount Famous Studio, reprennent notamment la recette mise au point par Disney dix ans plus tôt. Plus près de nous, toujours dans les années 1940, les séries «Chants populaires» et «Let's All Sing Together», produites à l'Office national du film du Canada, permettent entre autres à Norman McLaren de réaliser *Alouette* (1944), *C'est l'aviron* (1944), *Là-haut sur ces montagnes* (1945) et *La poulette grise* (1947). Ces films, s'ils témoignent du talent exceptionnel de l'animateur, n'en demeurent pas moins des illustrations plutôt littérales des

---

3. Voir l'essai intitulé «Le poids des corps», p. 71.

chansons dont ils s'inspirent. En fait, *Là-haut sur ces montagnes* et *La poulette grise* valent surtout pour la façon dont McLaren donne suite au choc esthétique qu'*Une nuit sur le mont Chauve* (1933), du Français d'origine russe Alexandre Alexeïeff, avait provoqué en lui. Fasciné par ce théâtre d'ombres qu'est l'écran d'épingles, captivé par la lente mouvance des images et par l'impression de gravures anciennes laissée par l'infinité de gris de cet invraisemblable outil, McLaren se sent inspirer et développe une technique d'animation de dessins au pastel. Selon cette technique, il réalise un dessin qu'il filme en le plaçant à la verticale et qu'il transforme progressivement en le frottant, ce qui fait tomber la poussière de pastel. Il réalise ensuite le montage des différents dessins en procédant à des fondus enchaînés qui prolongent l'effet de lente transformation de l'image.

Mais, par-delà cette innovation technique, la volonté de traduire cinématographiquement des chansons populaires trouvera son aboutissement chez McLaren en 1958, avec la réalisation du *Merle*. Ici, l'illustration littérale de la rengaine bien connue est à la base d'un curieux défi. Le rythme de la chanson est rapide, les péripéties nombreuses et ahurissantes. Chaque couplet pousse plus loin l'absurde dissection de l'oiseau. En proie à d'incessantes métamorphoses, le volatile exige de l'animateur une épure rigoureuse pour que rien ne vienne entraver la lisibilité des images. Léo Bonneville ne s'y trompe certainement pas, lorsqu'il « trouve admirable le travail analytique auquel [McLaren s'est] livré sur toute l'anatomie de l'oiseau ». McLaren expliquera d'ailleurs: « Lorsque j'ai d'abord essayé de réaliser *Le merle*, je ne pouvais absolument pas parvenir à la rapidité nécessaire parce que mon dessin était trop élaboré. Tout était confus. En simplifiant le graphisme, j'ai pu tout faire faire à l'oiseau et conserver ses caractéristiques intrinsèques ainsi que ses particularités biologi-

Figure 2 Norman McLaren, dans *Le merle,* illustre une
célèbre rengaine. Dans ce film où il utilise des
morceaux de carton découpé, le cinéaste réussit à
atteindre l'efficacité de l'idéogramme par la pureté
des lignes et la simplicité de la composition.
(Photo : ONF.)

ques[4].» Techniquement, le cinéaste utilise de simples morceaux de carton découpé — des rectangles et des cercles
sans articulation — qu'il déplace à sa guise. Ici, la pureté
des lignes et la simplicité de la composition renvoient à
l'efficacité de l'idéogramme. Ce degré de stylisation graphique, rarement atteint en animation, est l'un des témoi-
gnages les plus éclatants de la maîtrise de McLaren. Rien,
dans le rythme et les paroles de cette bien curieuse chanson, ne permettait d'espérer un tel enchantement visuel.
Rien ne laissait présager que le cinéaste allait pouvoir, sur

---

4. Léo Bonneville, «McLaren au fil de ses films», *Séquences,* n° 82,
Montréal, 1975, p. 70.

cette chanson, mener une technique à un tel niveau d'aboutissement.

Passionné tout au long de sa carrière par les rapports entre le son et l'image, McLaren a réalisé de nombreux films dont la structure semble anticiper celle du vidéoclip. Le plus célèbre d'entre eux est sans contredit *Begone Dull Care* (1949), œuvre magistrale où il met en images la musique du pianiste de jazz Oscar Peterson. Construit en trois parties, selon la forme classique qui fait alterner mouvement rapide et mouvement lent, le film offre en complément à la musique de Peterson une imagerie abstraite dominée par les textures et les couleurs, une imagerie qui — dans la première et la troisième partie — ne mise pas sur un synchronisme de surface mais plutôt sur une parenté sensuelle d'une efficacité stupéfiante. On est là dans le prolongement des expérimentations de Fischinger, avec en prime une maestria qui laisse sans voix.

En effet, la liberté graphique manifestée par McLaren dans *Begone Dull Care* n'a d'égale que celle du jazz de Peterson, avec sa vivacité, ses enchevêtrements complexes et ses textures d'une richesse inouïe. Toutes ces caractéristiques, McLaren les prend à son compte en exploitant tantôt l'éclatement et la vitesse (dans les premier et troisième mouvements), tantôt un minimalisme signifiant (dans la deuxième partie), et surtout en exploitant au maximum la profondeur de l'image en peignant directement les deux côtés de la pellicule, utilisant pour cela une large gamme de teintes et quantité de motifs surprenants. McLaren va même jusqu'à faire apparaître furtivement quelques formes concrètes (un bonhomme, une maison) qui défient toute interprétation. Ainsi, *Begone Dull Care* atteint des sommets dans l'état d'osmose qu'il est possible de créer au cinéma entre la musique et les images.

À la fin des années 1960 et au début des années 1970, sans doute influencés par l'orientation donnée par McLaren, plusieurs cinéastes d'animation de l'ONF réalisent des films inspirés de chansons ou de pièces musicales. Certains de ces films sont d'ailleurs esthétiquement très proches du vidéoclip tel que nous le connaissons aujourd'hui. C'est en effet à cette époque que René Jodoin produit la série « Chansons contemporaines », qui compte sept films dont *Tout écartillé* d'André Leduc (1974, sur une chanson de Robert Charlebois), *La ville* de Jean-Thomas Bédard (1970, sur une chanson de Jean-Pierre Ferland) et *Taxi* de Roland Stutz (1969, sur une chanson de Claude Léveillée). Tous semblables quant à leur structure, ces films tentent d'adapter le texte de la chanson *(Taxi)* ou de construire une fantaisie autour de son propos *(Tout écartillé)*. Il s'agit donc pour les cinéastes d'un travail d'illustration, dans l'esprit des « Chants populaires » des années 1940. À la différence de la majorité des vidéoclips, cependant, aucune des réalisations de la série « Chansons contemporaines » ne va jusqu'à montrer l'artiste en représentation.

On peut affirmer que l'animation est, au Québec, le véritable précurseur de l'industrie du vidéoclip. Et cela, jusqu'au début des années 1980. On peut encore citer en exemple Pierre Hébert et Fernand Bélanger coréalisant *Love Addict* (1985), à partir d'une chanson du groupe rock Offenbach. Et lorsque, au début des années 1980, le vidéoclip s'impose selon sa forme actuelle, les cinéastes d'animation ont leur mot à dire. Ainsi, André Leduc, qui avait continué de s'intéresser à la musique à travers un film en pixillation *(Chérie, ôte tes raquettes*, 1976, sur un « reel » de Monsieur Pointu), devient l'un des pionniers du clip. Parmi ses réalisations, on compte *Ils s'aiment* pour Daniel Lavoie et *Double vie* pour Richard Séguin. Fait important cependant, les clips de Leduc sont réalisés entièrement en prises de vues réelles.

Ironiquement, *Jour de plaine* (1990), un film d'animation qu'il coréalise avec Réal Bérard sur la chanson éponyme de Daniel Lavoie, connaît une importante diffusion en tant que vidéoclip.

Il demeure cependant que l'animation est pratiquement exclue de l'industrie québécoise du vidéoclip, malgré son caractère fondateur du genre. Les exceptions sont rares : Gabriel Pelletier comptant sur la collaboration de l'animateur Michel Murray pour quelques segments de *Tous les cris les S.O.S.*, selon une chanson de Marie-Denise Pelletier, et sur celle d'Édouard Faribault lorsqu'il tourne *Amère America*, selon une chanson de Luc de Larochellière. Autre exception, Robert Awad, coauteur avec André Leduc du célèbre *L'affaire Bronswik* (1978), qui utilise sa technique d'animation de photographies et de papier découpé dans *Cochez oui, cochez non,* pour Paul Piché. Il faut voir dans cette exclusion le résultat des contraintes de temps et de budget qui affectent la production des vidéoclips au Québec. En effet, ces œuvres sont le plus souvent réalisées rapidement et avec de maigres moyens financiers qui ne permettent pas l'utilisation de certaines techniques du cinéma image par image.

Ailleurs, dans la grande industrie du vidéoclip, l'animation s'est rapidement imposée à travers plusieurs œuvres de Steven Johnson (*Sledgehammer* et *Big Time* pour Peter Gabriel, *Road to Nowhere* pour Talking Heads), de Steve Barron (*Take on Me* pour A-Ha, *Rough Boy* pour ZZ Top, *Money for Nothing* pour Dire Straits) et de Zbigniew Rybzinski (*Close to the Edit* pour Art of Noise, *The Original Wrapper* pour Lou Reed). Cela a donné certaines des œuvres les plus fortes et les plus personnelles de la courte histoire du clip. Il est à propos d'essayer de comprendre pourquoi.

On peut d'abord avancer que la durée du clip (environ quatre minutes) et la façon dont il associe images et musique sont deux caractéristiques qui, traditionnellement, siéent bien à l'animation. On l'a vu, le cinéma image par image a toujours entretenu des liens privilégiés avec la musique, et on sait que la durée des films d'animation a souvent avoisiné les quatre minutes. De plus, l'atmosphère surréalisante privilégiée par l'industrie du clip correspond aussi à celle qu'on retrouve dans quantité de films d'animation réalisés partout à travers le monde. Réalisant un clip, les cinéastes d'animation restent souvent en terrain connu. Ce qui n'est pas le cas des cinéastes de prises de vues réelles qui semblent perdre alors tout repère. Qui reconnaîtrait Jonathan Demme, le nerveux réalisateur de *Silence of the Lambs*, lorsqu'il met en image *The Perfect Kiss* pour le groupe anglais New Order ? Qui peut voir la signature de Martin Scorsese derrière la mise en scène de la chanson *Bad* de Michael Jackson ?

À l'inverse, un vidéoclip comme *Another Kind of Love*, une réalisation du Tchèque Jan Svankmajer sur une chanson de Hugh Cornwell, ne tranche en rien avec le reste de l'œuvre de l'auteur des *Possibilités du dialogue* et d'*Alice*. Tout Svankmajer se retrouve dans ce clip : sa technique (un mélange de prises de vues réelles et d'animation à trois dimensions), son rythme (saccadé), ses obsessions (les têtes qui se déforment, la violence, la sexualité, etc.).

De même, on reconnaît bien la collaboration des frères Quay, les auteurs de *Street of Crocodiles*, au *Sledgehammer* que Steven Johnson a réalisé pour le chanteur Peter Gabriel. Si on retrouve la marque des frères Quay derrière le segment du vidéoclip qui rend hommage à Arcimboldo, on retrouve encore plus celle de la maison de production britannique Aardman Animations (où des cinéastes comme Nick Park et Peter Lord se signalent par leur maîtrise de la technique de la pâte à modeler) derrière tout le reste du clip qui est un parfait exemple de la virtuosité technique

qui distingue cette désormais célèbre compagnie londo-
nienne. *Sledgehammer* ressemblerait donc à un « démo »
destiné à promouvoir l'animation anglaise si on n'y trouvait pas une magie, un sens de l'émerveillement qui n'est pas
sans évoquer Méliès et son plaisir de prestidigitateur
lorsqu'il réalisait des trucages.

Blue Monday 1988, sur une chanson du groupe britannique New Order, est un autre bel exemple du rapport privilégié que le cinéma d'animation peut entretenir avec le
vidéoclip. Coréalisé par le cinéaste d'animation Robert Breer,
bien connu pour ses films expérimentaux comme *A Man
and His Dog Out for Air*, et l'artiste visuel William Wegman,
bien connu pour ses bandes vidéo, ses photographies et ses
installations mettant en vedette son chien Man Ray, *Blue
Monday 1988* réunit les caractéristiques qui font la singularité des œuvres de ces deux créateurs. On y trouve mêlés,
dans une complexité ludique qui résume bien le travail des
deux artistes, les dessins animés non narratifs de Breer et les
mises en scène grotesques et curieuses auxquelles Wegman
soumet son chien. Le résultat est un clip d'inspiration néo-
dadaïste tout à fait stimulant, un clip anarchiste qui pro-
clame la joie de la création dans la déconstruction. Ironie du
sort, le vidéoclip offre l'occasion à un artiste réputé difficile,
austère et intellectuel comme Breer — dont les films d'animation, soulignons-le, n'ont jamais connu une large diffusion
— de rejoindre un vaste public, composé majoritairement
d'adolescents peu enclins à se rendre dans les musées pour
visionner des programmes de films expérimentaux.

Fait important, les trois vidéoclips décrits plus haut rem-
plissent très bien leur mission commerciale, c'est-à-dire
qu'ils mettent en valeur l'artiste et la chanson qu'ils ont la
charge de publiciser. *Another Kind of Love* et *Sledgehammer*
sont d'ailleurs construits essentiellement autour de la figure
du chanteur en train de s'exécuter. *Blue Monday 1988* ne

se conforme pas à cette règle en vigueur dans l'industrie du vidéoclip, mais il faut préciser que le groupe New Order se fait un point d'honneur de critiquer l'esthétique et le dispositif qui caractérisent cette industrie. Par conséquent, ils n'apparaissent pas dans la majorité de leurs vidéoclips, et lorsqu'ils y figurent c'est souvent avec une volonté ostentatoire de provoquer. Dans *Blue Monday 1988,* par exemple, ils apparaissent flânant, manipulant des feuilletoscopes de Breer ou se prêtant à des jeux absurdes.

Mais l'animation dans les clips ne donne pas que des œuvres personnelles. En fait, son utilisation importante, dans l'industrie américaine notamment, est pour une grande part redevable à la prédominance, dans le clip, de l'image sur le récit. Ainsi, l'animation y est souvent purement décorative. On s'en sert pour faire en sorte qu'il se passe quelque chose à l'écran, pour ajouter de la valeur à un plan sans grand intérêt. C'est le cas, par exemple, dans un clip comme *Money for Nothing* (le titre est révélateur), de Steven Barron, où on ajoute de l'animation par ordinateur à quelques plans documentaires du groupe Dire Strait, ou dans *Like To Get To Know You Well,* une chanson d'Howard Jones *clippée* par Wayne Isham.

Après ce long détour historique qui nous a mené au vidéoclip, revenons à un cinéma d'animation plus personnel et, surtout, à une problématique fondamentale qui traverse l'histoire du cinéma d'animation dans son rapport avec la musique. Cette problématique se traduit par la question du synchronisme, comme on l'a vu à propos du travail d'Oskar Fischinger, de Len Lye et de plusieurs autres cinéastes dont les films ont été mentionnés. Pourquoi les cinéastes d'animation cherchent-ils, si souvent, à rendre le rythme visuel et le rythme musical identiques ? Pourquoi, à la suite de Carl Stalling, sont-ils si nombreux à miser sur la correspondance entre les scansions musicales et le mouvement ?

Le lecteur peu familier avec la question de la musique au cinéma peut se demander si ce rapport d'équivalence rythmique est le seul possible. Rappelons-lui une expérience révélatrice effectuée par le cinéaste et compositeur Maurizio Kagel [5]. Lors d'un cours qu'il donnait à des universitaires, Kagel a essayé quinze musiques différentes sur une même suite d'images, puis quinze suites d'images sur une même musique. Conclusion : ça marche toujours. L'arbitraire qui règne, plus souvent qu'autrement, dans le rapport qu'entretiennent image et musique à l'intérieur des vidéoclips le confirme d'ailleurs. À partir de cette expérience, on peut dire que s'il existe des rapports privilégiés entre la musique et l'image (rapport de sens, par exemple, comme lorsque Stanley Kubrick montre un être préhistorique découvrant l'outil et qu'il fait entendre *Ainsi parlait Zarathoustra*, de Richard Strauss), l'image et la musique ne sont jamais essentielles l'une à l'autre.

Dans le cinéma de prises de vues réelles de consommation courante, la musique est très souvent utilisée pour sa valeur émotive, pour créer un climat. C'est sur ce plan que s'établit le rapport entre image et musique. Ce genre d'utilisation se retrouve évidemment dans le cinéma d'animation qui, dans ce domaine, ne se distingue en rien du cinéma dominant. Le producteur québécois Gaston Sarault a réalisé, à la fin de sa carrière, un film pédagogique intitulé *Écoutez voir* (1983) qui reprend, adaptée au cinéma d'animation, l'expérience de Kagel. Sur un fond neutre, un triangle et un cercle se meuvent. La séquence est projetée à trois reprises, chaque fois accompagnée d'une musique différente. Cela donne un film en trois parties où les images sont toujours les mêmes. Cependant, le spectateur est amené

---

5. Expérience citée par Michel Chion, *Le son au cinéma*, Paris, Éditions Cahiers du cinéma, 1985, p. 117.

à croire que le mouvement change d'une partie à une autre tant la musique modifie la perception qu'il a de chaque déplacement. Dans *Écoutez voir*, Sarault a voulu insister sur l'importance sémantique du son en animation, mais il a surtout réaffirmé l'étendue des possibilités offertes au réalisateur lorsque vient le temps de marier ses images à la musique.

C'est vraiment du côté de sa propension à chercher le synchronisme entre rythme musical et mouvement visuel que le cinéma d'animation se distingue. On perçoit dans cette quête le fait que le cinéma d'animation est d'abord et avant tout art du mouvement, donc du rythme. Placé devant la nécessité de penser le mouvement, de le créer, de l'orchestrer, l'animateur se trouve dans une position similaire à celle du chorégraphe. Or, en danse, lorsqu'il y a musique, la tentation d'établir un synchronisme élémentaire est forte. C'est le premier niveau de relation qu'on puisse établir entre la musique et le geste.

Il en va de même avec le cinéma d'animation. Ainsi, il ne faut pas s'étonner de l'aspect chorégraphique que prennent de nombreux films. Plusieurs segments du célébrissime *Fantasia* (Ben Sharpsteen, 1940) produit par Disney sont d'ailleurs de véritables chorégraphies pastichant certaines des formes les plus convenues de la danse. Je pense notamment à la mise en images de la musique de Ponchielli intitulée *La ronde des heures*. Dans cette partie de *Fantasia*, des hippopotames déguisés en ballerines s'amusent avec d'autres animaux. Au Québec, René Jodoin a réalisé, avec *Dance Squared* (1961) et *Notes sur un triangle* (1966), deux films didactiques rigoureux dans lesquels des formes géométriques simples exécutent littéralement une danse d'aspect traditionnel. En Italie, la plupart des films d'Emanuele Luzzati et Giulio Gianini — *La gazza ladra* (1964), *Il flauto magico* (1978), *Pulcinella* (1973) — sont de véritables ballets

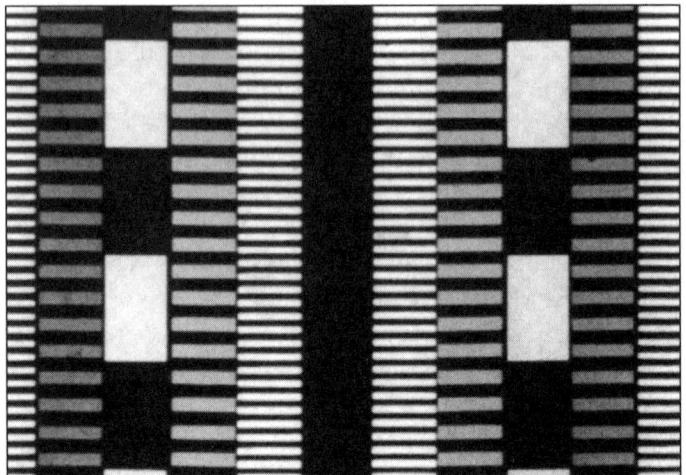

Figure 3   *Synchromy*, de Norman McLaren, s'impose
comme l'expérience ultime de synchronisme entre
la musique et les images. (Photo : ONF.)

animés. Et je pourrais noircir des pages entières d'exemples. Ce rapport à la musique rapproche donc les deux arts du mouvement que sont la danse et le cinéma d'animation. Ce qui les éloigne, on l'a vu ailleurs dans ce livre[6], c'est leur assise corporelle.

Norman McLaren (encore lui !) a réalisé ce qui s'impose comme l'expérience ultime de synchronisme entre la musique et les images. En effet, *Synchromy*, qui date de 1971, met à profit les recherches de McLaren sur le son synthétique, c'est-à-dire sur le son dessiné. On sait qu'au cinéma, le son qu'on entend est le résultat d'une opération analogique qui transforme les vibrations sonores en une suite de courbes qui sont photographiées sur la pellicule. Walt Disney, dans *Fantasia*, et François Truffaut, dans *La nuit*

---

6. Voir l'essai intitulé « Le poids des corps », p. 71.

américaine, ont déjà choisi de montrer ces courbes, l'un à des fins pédagogiques, l'autre par fétichisme cinéphilique. McLaren, poussant plus loin les travaux de quelques pionniers, a émis l'hypothèse suivante : si le son peut être transformé en dessin, il est possible de dessiner du son. Il a donc créé un instrument artisanal lui permettant de composer de la musique à partir de sons dessinés. Le court documentaire *Pen Point Percussion,* réalisé en 1951, montre bien la méthode de travail du cinéaste.

Synchromy est donc l'aboutissement de tout cela. McLaren a composé une pièce musicale synthétique, puis a photographié les formes la composant sur la bande image du film. Le synchronisme, ici, est littéral, le son et l'image provenant des mêmes formes. Le résultat pourrait être aride, mais McLaren ne s'est pas laissé étouffer par l'aspect conceptuel de son projet. Ainsi, il a ajouté de la couleur à l'image et a introduit une variation visuelle en multipliant les formes sur la bande image. On peut voir dans cette attitude — qui a tout pour déplaire aux défenseurs les plus radicaux de l'art conceptuel — le profond respect que McLaren avait pour le public. En effet, même si le point de départ de *Synchromy* est théorique, même s'il s'agit d'une démonstration, McLaren reste préoccupé par le plaisir du spectateur et tient à lui ménager une place dans son entreprise.

Avec *Synchromy,* McLaren expose une démarche présente chez un nombre important d'animateurs. En quelque sorte, il exorcise une quête presque aussi vieille que le cinéma d'animation. Il pousse à l'extrême l'effet de synchronisme entre images et musique et, le temps d'un film, parvient à créer une sorte de lien organique entre le son et l'image animée. Pour une fois, une seule fois, l'univers visuel et l'univers sonore ne sont plus rassemblés arbitrairement, ils sont issus l'un de l'autre. Entends-tu ce que je vois ? La question trouve enfin son sens.

Au-delà du réel

Voulant poursuivre la réflexion sur le son en animation amorcée dans l'essai précédant, j'avais décidé de voir ou de revoir les films issus du studio d'animation britannique Aardman Animations. Je cherchais une façon de parler du défi particulier qui consiste à créer de toutes pièces un univers sonore dans un film d'animation, lorsque j'ai lu un texte que Marco de Blois consacrait à Aardman Animations. Dans cet article, l'auteur affirme que «l'un des grands rêves de David Sproxton est qu'un jour les spectateurs ne fassent plus la différence entre l'animation et la prise de vue réelle [1]». Je ne sais pas si Sproxton, qui a fondé le célèbre studio avec Peter Lord, a réellement formulé cela en ces termes. Cependant, j'avoue qu'une telle déclaration, qui ne m'étonne pas, m'a commandé une réaction. Ainsi, mon

---

1. Marco de Blois, «Microscopie du mouvement», *24 images,* n° 72, printemps 1994, p. 37.

projet d'un texte abordant la question du son s'est modifié pour se concentrer uniquement sur l'expérience d'Aardman Animations. C'est que le grand rêve attribué à David Sproxton m'amène à penser que si, un jour, on ne devait plus voir la différence entre l'animation et les prises de vues réelles, il faudrait aller au plus simple, ce qui impliquerait la disparition de l'une ou l'autre de ces formes de cinéma, ou encore le mariage des deux. Cette idée est donc lourde de conséquences.

Cela dit, je comprends mal la logique qui consiste à nier ce qui fait la spécificité d'un mode d'expression. Pourquoi l'animation devrait-elle imiter les prises de vues réelles au point d'en devenir le clone? Mises à part quelques applications particulières — comme les effets spéciaux dans les longs métrages de fiction —, je n'en vois guère l'utilité. Quant au reste, si Disney a privilégié un type d'animation qu'on a souvent qualifié de réaliste, il n'a jamais cherché à faire oublier au spectateur qu'il regardait des dessins animés.

Devant des films produits par Aardman Animations, j'ai souvent eu l'impression de me retrouver en face d'animateurs d'une stupéfiante habileté, mais qui étaient mus par une démarche absurde. Je pense par exemple à *Going Equipped* (1989), l'un des classiques du studio réalisé par Peter Lord. Le film raconte l'histoire d'un homme qui a passé la moitié de sa vie dans une institution pénale. D'un réalisme stupéfiant, le concept du film repose sur une bande sonore constituée d'un entretien avec un prisonnier. Lord réalise chaque petit geste avec une précision maniaque, réussissant une performance technique qui laisse pantois. Une question demeure cependant: Y a-t-il, ici, quelque chose que l'animation permet que le documentaire n'aurait pas révélé plus efficacement, avec plus de crudité?

Car *Going Equipped* se déroule sur le terrain du documentaire. Comme, d'ailleurs, quantité d'autres productions sorties d'Aardman Animations. Contentons-nous de nommer certains épisodes de la série «Conversation Pieces»: *Sales Pitch* (1983), qui raconte un moment dans la vie d'un vendeur itinérant, *Late Edition* (1983), qui nous amène dans la salle de rédaction d'un journal, etc. Ces films se réclament du réel, un réel dont les charge la bande sonore qui devient le point de départ de l'animation. Le principe est donc toujours le même: enregistrer une tranche de vie, une conversation, un entretien, puis le mettre en images. On aura compris que dans les films cités, cette illustration se fait sous le signe du réalisme. Or, il y a paradoxe puisque l'animation nie la réalité tout en l'affirmant. Son mouvement synthétique, ses personnages artificiels, ses décors de pâte à modeler privent la bande sonore de la part de réel qu'on cherche ensuite à lui redonner. C'est comme si on voulait recréer des images dont on s'est privé délibérément.

War Story (1989), aussi réalisé par Peter Lord, repose aussi sur le principe de l'entretien, à une différence près qu'on y a introduit un humour qui vient commenter le discours. Cette fois-ci, on a interrogé un vieil homme, Bill Perry, qui raconte ses souvenirs de guerre. Dans un documentaire sur Aardman Animations intitulé *State of the Art* et réalisé par David Jeffcock, on peut voir l'entretien avec Perry. La séquence révèle un homme au visage lumineux, dominé par des yeux d'une remarquable expression. Commentant la réalisation de *War Story*, Peter Lawrence, qui a mené l'entretien avec Perry, va jusqu'à dire dans *State of the Art*: «Peter Lord n'avait jamais rencontré Bill, mais il était étonnant de constater à quel point non seulement les événements mais les mouvements, les réactions et les expressions du visage étaient celles de Bill. C'était comme si vous le regardiez. L'animation était plus proche du personnage de Bill qu'aucun acteur n'aurait pu l'être.»

Cette déclaration confirme mon idée selon laquelle la démarche d'Aardman est parfois difficilement justifiable. Si l'enjeu du film consiste à reproduire Bill Perry dans ses moindres expressions, pourquoi ne pas le filmer tout simplement? On s'épargnera ainsi un travail long et fastidieux. On m'objectera qu'il est impossible de cueillir des moments de vérité en présence de la caméra. Dans le cas de *War Story,* l'argument ne vaut pas puisque l'entretien a été réalisé en présence de l'équipe qui réalisait le documentaire *State of the Art.* De façon plus générale, cependant, on sait comment des cinéastes « de la captation » comme Raymond Depardon, Georges Dufaux ou Johan Van der Keuken ont réussi à saisir le réel avec une authenticité saisissante. Ce type de travail documentaire est sans doute difficile, mais certainement pas impossible.

Dans un entretien qu'il accorde à Marco de Blois, David Sproxton introduit une autre dimension au débat : « Et de fait, nous désirons que nos films soient vus non pas comme de l'animation, mais comme de simples courts métrages. Mais cela dit, peut-être y a-t-il effectivement un paradoxe. Vous devez penser : pourquoi ne pas engager un véritable acteur? La réalité est que nous n'aurions pas le même contrôle sur un comédien. Avec une figurine, il est possible d'aller chercher la quintessence du geste, ne serait-ce qu'un léger mouvement du doigt[2]. »

Cette déclaration de Sproxton suit un commentaire sur le film *Loves Me... Loves Me Not* (1992) de Jeff Newitt. Comme le film ne repose pas sur le principe de la cueillette sonore, on pourrait m'accuser de citer le producteur hors contexte. Cependant, je crois sincèrement que cette volonté de contrôle peut servir à justifier la démarche d'Aardman

---

2. Marco de Blois, « Entretien avec David Sproxton », *24 images,* n° 72, printemps 1994, p. 39.

lorsqu'on décide de mettre en images un segment sonore de type documentaire. Si c'est le cas, cela ajoute à l'embarras que provoque la distorsion que l'animation fait subir au réel.

Les images de *Going Equipped,* par exemple, dictent une interprétation assez précise des propos du prisonnier. En recréant chaque geste, le cinéaste livre son interprétation de l'attitude de l'homme. Dans un documentaire, la caméra n'est bien entendu jamais objective — elle «recadre» le réel —, mais la présence du sujet à l'écran permet au spectateur de mesurer, au moins approximativement, l'ampleur de l'intervention du cinéaste. Il y a possibilité pour le spectateur, si le réalisateur a l'honnêteté de laisser paraître son dispositif, de procéder à une certaine mise en perspective.

Dans le cas d'un film comme *Going Equipped,* toute la manipulation est masquée. Impossible d'en mesurer les dimensions. Impossible de savoir de quelle idéologie elle émane. Se réclamer du réel comme on le fait en utilisant la cueillette sonore n'a pas de sens si le but ultime est de contrôler totalement ce réel. Parce que contrôler totalement le réel, cela s'appelle faire de la fiction. En soi, ce n'est pas mauvais, pourvu qu'on ose l'appeler par son nom.

Autrement, je perçois dans l'attitude d'Aardman une volonté de prolonger la tradition documentaire sociale britannique, tradition qui commence avec Grierson et passe par le Free Cinema. J'admire cette tradition, mais je ne comprends guère son dévoiement dans le cinéma d'animation. Parce que ni la tradition sociale ni le cinéma d'animation, qui se dynamitent l'un l'autre, ne sont servis par un tel amalgame.

À la source du problème, il y a cette «innovation» d'Aardman qui consiste à construire des films sur la base d'une recherche sonore préalable, qu'il s'agisse d'entretiens préenregistrés ou de moments croqués sur le vif grâce à un magnétophone plus ou moins caché. Un tel procédé laisse

au cinéaste le choix d'illustrer de manière réaliste la bande
sonore, ou encore de prendre une certaine liberté par rapport à elle. J'ai déjà dit ce que je considère être les limites de
l'attitude réaliste, qui appelle nécessairement la comparaison avec le documentaire. Voyons maintenant ce qui résulte
de l'attitude inverse.

L'un des épisodes de la série « Conversation Pieces »,
Early Bird (1983), repose sur l'enregistrement des propos
d'un *morning man* d'une quelconque station de radio. En
ondes, l'homme est d'une vigueur incroyable malgré l'heure
matinale. Il parle vite et fort, fait jouer une musique entraî-
nante et incite ses auditeurs à sauter du lit énergiquement.
L'image introduit un contraste amusant puisqu'il s'agit de
montrer comment cet homme organise son propre réveil au
rythme de son émission. Sa toilette matinale et son petit-
déjeuner s'intègrent donc à son travail, avec toute la loufo-
querie que cela peut impliquer. Par exemple, il mange un
disque avec de la confiture au lieu d'une tartine.

Ici, la distance introduite entre la réalité enregistrée (le
son) et son interprétation animée (l'image) est maximale.
Le spectateur nage en pleine folie. C'est drôle, mais les limites de cet humour sont rapidement atteintes. La prise de
son directe devient prétexte à un délire visuel gratuit, sans
conséquence. Bien sûr, le travail technique est encore une
fois impeccable. Mais, passée l'admiration initiale devant le
travail bien fait, c'est la déception.

Creature Comforts (1989), de Nick Park, est plus intéres-
sant. Dans ce film, la bande sonore est constituée de bribes
d'entretiens avec quelques immigrants qui parlent de leur
pays d'adoption. À l'écran apparaissent les animaux d'un
zoo, ces êtres forcés de s'adapter à un nouveau milieu, qui
commentent leur situation. Tout y passe : le climat, la nour-
riture, etc. En établissant le parallèle entre les difficultés
d'adaptation des immigrants et la situation des animaux

Figure 1   Dans *Creature Comforts*, de Nick Park, la bande
sonore est constituée de bribes d'entretiens avec
quelques immigrants qui parlent de leur pays
d'adoption. (Coll. Cinémathèque québécoise.)

d'un zoo, Park met astucieusement en place une sorte de
critique amusée de la réalité. L'ensemble n'a guère de mor-
dant, mais se distingue tout de même par sa finesse. *Creature
Comforts* a au moins le mérite d'introduire une réflexion
véritable sur la réalité qu'il utilise.

Cela dit, aucune des réalisations d'Aardman axées sur
la cueillette sonore ne parvient vraiment à composer avec
le poids du réel introduit par cette démarche. La symbiose
qui permettrait à l'animation de révéler ce que la réalité
nous cache, ou qui permettrait à l'animation de se dépas-
ser dans son rapport au réel, ne s'accomplit jamais.

Au contraire, l'association entre le son direct et l'animation débouche presque invariablement sur un appauvrisse-
ment des termes. La réalité perd en épaisseur et en densité
lorsqu'elle est mariée au cinéma d'animation, tandis que le

cinéma d'animation subit souvent le son direct comme s'il s'agissait d'un carcan auquel il doit se soumettre.

L'échec relatif de la démarche d'Aardman Animations nous porte à croire que ce n'est probablement pas dans un rapport aussi littéral que le cinéma d'animation doit se mesurer au réel. Les exemples sont nombreux de cinéastes qui ont su mieux négocier cette recherche de la réalité dans l'animation, à commencer par le travail sur les situations quotidiennes effectué par Pierre Hébert dans un film comme *Chants et danses du monde inanimé: Le métro* (1985), ou encore les étranges juxtapositions de Jan Svankmajer dans des courts métrages comme *Jeux virils* (1989) et *Food* (1992).

S'il faut, enfin, rendre hommage au talent des animateurs d'Aardman, c'est sans doute à travers les deux titres de la série mettant en vedette Wallace et son chien Gromit qu'il faut le faire. Car, dans *A Grand Day Out* (1992) et surtout *The Wrong Trousers* (1994), deux films réalisés par Nick Park, on assiste à la naissance d'un burlesque original, d'un comique hautement visuel où la maestria technique qui caractérise le studio trouve son sens. *The Wrong Trousers,* avec son scénario solidement construit et la précision de sa mise en scène (qui permet de définir assez finement la psychologie des personnages), avec la densité de son humour et la finesse de ses gags, renouvelle un genre qu'on croyait tombé en désuétude. Le cartoon tel que le pratiquaient Tex Avery et Bob Clampett subit alors une métamorphose impressionnante — du dessin animé on passe à la pâte à modeler — et c'est comme si on recommençait à neuf. Faisant preuve de rigueur dans le montage et le découpage de son film, Nick Park conduit son récit sans aucune hésitation.

C'est d'ailleurs par son efficacité dramatique que cette comédie policière arrive à faire en sorte que la question de la distinction entre le cinéma d'animation et les prises de

Figure 2   Les films mettant en vedette Wallace et son chien Gromit, réalisés par Nick Park, nous permettent d'assister à la naissance d'un nouveau burlesque. (Coll. *24 images.*)

vues réelles ne se pose plus. Car, s'il est clair que *The Wrong Trousers* ne cherche pas à nier ses origines techniques, si le film ne cherche pas à se forger des liens artificiels avec le réel, il n'en demeure pas moins qu'il suscite une émotion intense et qu'il rend vraisemblables les situations les plus improbables.

Parce qu'il raconte bien une bonne histoire, parce qu'il profite d'une véritable maîtrise du langage du cinéma classique, *The Wrong Trousers* introduit de manière naturelle un rapport au réel plus troublant que tous les autres films issus du même studio.

Le meurtre aura-t-il lieu ?

ON RACONTE QU'AU DÉBUT DE L'EXISTENCE du cinématographe, les frères Lumière auraient répondu à Georges
Méliès, qui voulait acheter leur invention, d'abandonner
cette idée parce que le succès de l'appareil, reposant sur la
simple curiosité scientifique, était passager. Méliès, qui
devant ce refus allait construire son propre cinématographe,
s'est ensuite employé à leur donner tort. Et bien d'autres
après lui.

Le développement de l'animatique, ou si vous préférez
de l'animation par ordinateur, me rappelle cette anecdote.
Curiosité scientifique dont on se lassera rapidement ou
nouvelle forme d'art ? Le débat est lancé. On ne peut plus,
de nos jours, parler de cinéma d'animation sans aborder
l'animatique. La percée de l'ordinateur dans le champ du
mouvement image par image a eu pour effet de boulever-
ser à la fois les habitudes et le discours entourant ce sec-
teur de l'activité cinématographique. D'une part, on a vu

émerger une idéologie quasi messianique, qui attribue aux images issues des nouvelles possibilités technologiques une vertu intrinsèque. D'autre part, on a vu poindre une approche inverse, basée sur l'éloge nostalgique de l'artisanat, qui semble considérer que le résultat du travail manuel est investi de qualités morales.

Entre ces deux positions irréconciliables, aussi discutables l'une que l'autre, on trouve une réflexion comme celle de Pierre Hébert, qui dans un texte publié dans la revue *24 images*[1] met en cause l'une et l'autre idéologies. D'abord, il s'applique à démontrer que le cinéma est fondamentalement un art technologique et que, par conséquent, il est voué à subir périodiquement des bouleversements techniques qui viennent dater l'ensemble de la production qui leur est antérieure. Hébert illustre cela en prenant pour exemple le passage du muet au parlant, qui a eu pour effet d'exclure, d'un seul coup, toute la production muette des circuits normaux de diffusion.

Après cette démonstration, qui place l'avènement de l'ordinateur dans sa véritable perspective historique, l'auteur s'applique à critiquer le discours optimiste qui accompagne le développement de l'animatique. Il discute alors quantité d'arguments qui nous sont servis si fréquemment qu'on en vient à les tenir pour des évidences. Par exemple, à propos de la performance et de la vitesse des ordinateurs et des avantages qui en découlent pour l'artiste, Hébert écrit : « La vitesse comme telle n'est pas un absolu. Il y a un point au-delà duquel la recherche de vitesse n'a plus de sens, c'est celui de la vitesse à laquelle l'esprit de l'artiste fonctionne, le temps nécessaire pour laisser mûrir une idée, le rythme auquel il convient de poser les gestes de création (y com-

---

1. Pierre Hébert, « Effacement et résistance du corps. Les enjeux de l'art à l'ère des machines », *24 images*, n° 43, été 1989, p. 22-27.

pris de pure exécution) pour favoriser ce mûrissement, le mettre à l'épreuve du temps, bref le temps du corps[2]. »

Une idée, découlant du texte d'Hébert, m'est particulièrement chère. C'est celle de la plate-forme de création, c'est-à-dire cet espace de stabilité, entre deux bouleversements technologiques, qui permet à l'artiste de s'exprimer. Car si le processus de changement technologique est à l'œuvre dans le cinéma depuis l'origine, il demeure qu'avec l'informatique, ce processus subit une accélération sans précédent. Chaque nouveau logiciel établit des normes visuelles auxquelles il faut se conformer, de sorte qu'on peut s'interroger sur la stabilité des bases à partir desquelles se construit l'édifice de la création.

Dans les faits, l'animation par ordinateur telle qu'on nous la donne à voir se limite habituellement à une démonstration. « Voilà ce qu'aujourd'hui nous pouvons faire », se contentent de dire les cinéastes. Avec toute la sympathie que m'inspire *Vol de rêve*, des Québécois Philippe Bergeron, Nadia Magnenat-Thalmann et Daniel Thalmann, je ne peux y voir autre chose que ce qui était techniquement faisable, à l'Université de Montréal, en 1981. L'intérêt de ce court film, dans lequel un personnage de fil de fer s'imagine survolant certains des grands monuments du monde, se résume à la nouveauté de ses images. Lorsque, en 1985, Philippe Bergeron, Pierre Lachapelle, Daniel Langlois et Pierre Robidoux ont réalisé *Tony de Peltrie*, film dans lequel les surfaces et les textures succédaient aux simples contours, *Vol de rêve* est entré au rayon des antiquités. Quand, aujourd'hui, je montre ces deux films en classe, à l'université, les étudiants n'y perçoivent rien d'autre que l'évolution technique entre 1981 et 1985. Par contre, quand je leur projette *Foolish Wives*, d'Erich von Stroheim, un film muet en

---

2. *Idem*, p. 27.

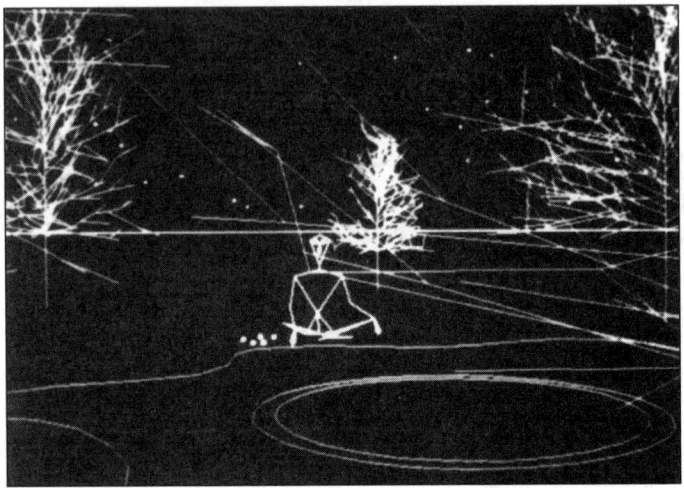

Figure 1   *Vol de rêve*, de Philippe Bergeron, Nadia Magnenat-Thalmann et Daniel Thalmann illustre ce qu'il était techniquement possible de faire, en animation par ordinateur, à l'Université de Montréal, en 1981. (Coll. Cinémathèque québécoise.)

prises de vues réelles datant de 1921, ils sont touchés par une vision du monde singulière, par la richesse du propos de l'artiste, cela par-delà les différences technologiques entre ce film et un autre réalisé en 1995. Mieux encore, quand je leur montre un vieux Disney, comme *Pinocchio* (Ben Sharpsteen et Hamilton Luske, 1940), ils sont incapables de deviner, même approximativement, l'année de réalisation du film. Généralement, les étudiants avec qui j'ai tenté l'expérience associent ce moment à leur propre enfance. S'ils sont nés vers 1965, ils croient que le film a été réalisé pendant la deuxième moitié des années 1960. S'ils sont nés vers 1970, ils affirment que le film est plus récent. Pourquoi ? Tout simplement parce que depuis 1940, la technique du dessin animé sur cellulo est restée fondamentalement la

Figure 2   Avec *Tony de Peltrie,* qui date de 1985, les surfaces et les textures succèdent aux simples contours. (Coll. Cinémathèque québécoise.)

même. Alors, tout naturellement, les spectateurs pensent que le film date du moment où ils l'ont vu pour la première fois.

Récemment, j'ai visionné une vidéocassette intitulée *The Gate to the Mind's Eye,* produite par Steven Churchill et dirigée par Michael Boydstun sur une musique de Thomas Dolby. On y trouve une suite d'effets spectaculaires juxtaposés sans véritable lien. Ces séquences animées par ordinateur ont été réalisées pour quantité de grandes sociétés (Sega, Landmark Entertainment Group, Apple Computer, IBM France, Omnibus Japan, Digital Artworks, etc.). Ce sont des «démos», c'est-à-dire le strict étalage d'un savoir-faire. Dans l'un des segments, on construit une cathédrale en moins de temps qu'il n'en faut pour vérifier l'orthographe du mot dans le dictionnaire. Mais c'est une cathédrale pour rien. Sitôt construite, elle est désuète. Il n'y a rien à prier.

Tout au long de *The Gate to the Mind's Eye*, on détruit le monde pour le recréer et le détruire de nouveau. Voilà qui tient lieu de récit. Je l'ai dit, il s'agit de « démos ». Pourtant, on a la volonté de faire de ce collage publicitaire une œuvre artistique, avec sa cohérence et son sens. En témoigne le résumé ahurissant qui apparaît sur le boîtier de la cassette vidéo : « Alloy est confronté à une vision apocalyptique. Il n'y a qu'un seul moyen de renverser la situation démentielle : faire imploser l'univers et repartir à zéro. Assistez à la recréation, à la renaissance et au devenir de l'humanité. Cette régénération se déroule hors du temps : on ne peut y accéder qu'en franchissant les portes de l'imagination[3]. » Ces quelques phrases pompeuses révèlent une ambition prétentieuse et démesurée, sans aucune correspondance avec le résultat obtenu.

Bien sûr, *The Gate to the Mind's Eye* est un exemple extrême et on ne peut réduire à cet exemple l'ensemble de l'animation par ordinateur. Cependant, *The Gate to the Mind's Eye* est symptomatique de la confusion qui règne dans le domaine de l'animatique entre l'art et la démonstration technologique.

Plus modeste, donc plus sympathique, *L'anniversaire*, réalisé par Marc Aubry et Michel Hébert, souffre aussi de cette manie de la démonstration. Film de circonstance, *L'anniversaire* a été produit à l'occasion du cinquantième anniversaire de l'Office national du film du Canada, en 1989, il est clair que par ce court métrage, l'organisme voulait non seulement commémorer son demi-siècle d'exis-

---

3. Voici la version originale anglaise : « *Alloy is faced with a vision of doom. There is only one way to reverse the madness : collapse the universe into itself and begin again. Witness the rebirth, the awakening and the future of mankind. The regeneration is neither now nor then, but can only be reached through* The Gate to the Mind's Eye. »

Figure 3 *L'anniversaire,* de Marc Aubry et Michel Hébert, un film de circonstance. (Photo : ONF.)

tence, mais surtout se donner une position avantageuse dans la course aux nouvelles technologies. Cela est d'autant plus évident devant la faiblesse d'un scénario qui n'est qu'un prétexte permettant d'aligner une série de prouesses techniques. Ainsi, je ne craindrais pas d'affirmer qu'un tel film n'aurait sans doute jamais vu le jour s'il avait été conçu pour être tourné à l'aide d'une technique traditionnelle. On aurait mis de l'avant la pauvreté des gags, le manque d'intensité dramatique, la minceur des personnages ou je ne sais trop quelle autre raison pour renvoyer les auteurs à leur table de travail. Mais, dans le cas de *L'anniversaire,* l'attention des concepteurs et des producteurs était principalement tournée vers la nouveauté technologique. On a donc visiblement négligé le reste, et le résultat s'en ressent.

À ce jour, bien peu de vrais films sont issus de l'animatique. Par l'expression « vrai film », je désigne une réalisation dominée par d'autres fins que la démonstration. L'Américain

John Lasseter est probablement le seul cinéaste à avoir construit une œuvre animatique qui ait une valeur certaine sur le plan artistique. En effet, de courts films comiques comme *Tin Toy* (1989) et, surtout, *Luxo Jr.* (1986) sont d'une remarquable efficacité et méritent d'être pris en considération. *Luxo Jr.*, par exemple, met à profit la capacité qu'a l'animatique de reproduire presque parfaitement les surfaces métalliques pour créer un monde où les lampes sont animées de sentiments humains, dans la grande tradition anthropomorphique de Disney (dont Lasseter se réclame). Reposant sur un scénario simple mais solide, le film trace le portrait tout en finesse d'une jeunesse impétueuse qui s'agite sous le regard bienveillant des aînés. Ici, le choix de la technique se justifie pleinement, puisque le réalisme informatique vient augmenter la proximité avec le comportement humain, proximité qui est pour beaucoup dans le succès du film.

Tin Toy, même s'il échoue dans son projet de mettre en présence un corps humain (bien peu réaliste) avec des objets (tous très réalistes), demeure quant à lui un cartoon bien construit, dont l'humour parfois inquiétant, qui laisse poindre la sauvagerie de la nature humaine, ne déshonore pas la meilleure tradition comique de l'animation américaine.

Mais, Lasseter reste l'exception. Il est pratiquement le seul à doter son travail d'une structure narrative dépassant le degré zéro. Même le film québécois *Tony de Peltrie*, qui pourtant continue de dominer de manière outrancière l'ensemble de la production animatique, est un film mineur et maladroit si on considère d'abord ce qu'il raconte et la façon dont il le raconte. La nostalgie du pianiste de bar qui est l'unique personnage du film est traitée de façon superficielle. Rien pour troubler. Rien pour surprendre. Rien pour émouvoir, sinon l'idée de l'émotion illustrée assez lourdement à travers un flash-back.

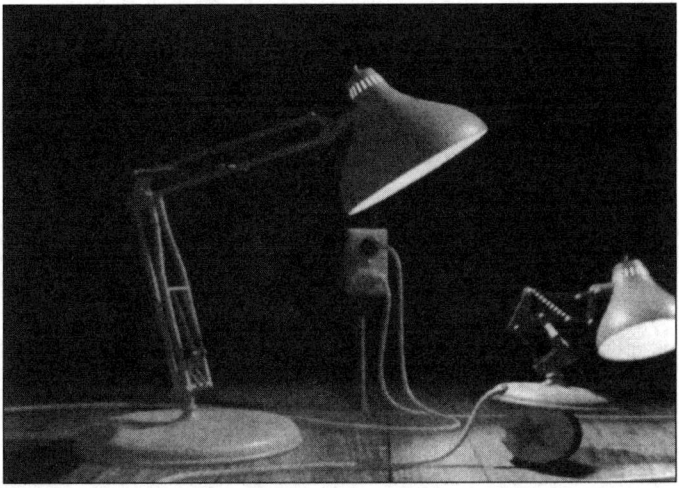

Figure 4 *Luxo Jr.*, de John Lasseter, met à profit la capacité qu'a l'animatique de reproduire presque parfaitement les surfaces métalliques pour créer un monde où les lampes sont animées de sentiments humains. (Photo : PIXAR.)

Ces remarques sont dures à l'endroit d'un film qui a le mérite de l'ambition honnête, un film qui cherche, sans trop de prétention, à être autre chose qu'un démo. Elles sont dures, surtout, à l'endroit d'un groupe de jeunes cinéastes alors en plein apprentissage. C'est que, si *Tony de Peltrie* mérite de l'indulgence, voire du respect, lorsqu'on le place dans le contexte de l'animatique, il ne fait pas le poids lorsqu'on le compare aux meilleurs courts métrages d'animation, de fiction ou documentaires réalisés au Québec la même année, soit en 1985. Or, à cause de la technologie mise en œuvre dans sa réalisation, le film a eu droit à des hommages disproportionnés. On peut saluer le travail technique, on peut se réjouir de la recherche effectuée par les informaticiens, mais de là à mythifier le résultat, il y a un pas qu'il faut éviter de franchir. L'intransigeance de mes propos concernant *Tony de Peltrie* n'a qu'un but : ramener le film à ses proportions réelles, celles d'un exercice stimulant.

Tony de Peltrie se termine par la destruction du personnage créé par les cinéastes. *Vol de rêve* présente, lui aussi, une forme de fin du monde. Enfin, *The Gate to the Mind's Eye,* comme l'indique le résumé déjà cité, met en scène rien de moins que l'implosion de l'univers. Ces trois exemples sont révélateurs de quelque chose qui confine presque à l'obsession dans l'ensemble des films d'animation réalisés par ordinateur. Comme si, enivrés par l'obligation technique de créer entièrement le monde pour pouvoir le montrer, enivrés par l'impression de totale maîtrise qui en découle, les cinéastes cédaient à la tentation de manifester leur pouvoir par la destruction.

Impression étrange que celle de voir le monde s'effriter encore et encore, lorsqu'on s'adonne à visionner coup sur coup plusieurs films réalisés par ordinateur. Car le thème revient constamment. « Le vrai pouvoir, disait en substance le héros du *Schindler's List* de Spielberg, c'est celui de pardonner. » Peut-être qu'en animatique, le vrai pouvoir est celui de donner au monde une chance d'exister pour être autre chose qu'un jouet dans les mains d'un démiurge exalté.

Pour l'instant, les manifestations de ce pouvoir de vie, qui est pouvoir de l'art, sont rares. La vitesse avec laquelle une nouveauté technologique succède à une autre équivaut à un état de crise qui laisse la création en plan. Sans la stabilité nécessaire à sa manifestation, celle-ci s'effectue ailleurs, ou plutôt autrement. Voilà pourquoi l'animation par ordinateur, essentiellement préoccupée par son développement technique, tarde à donner de grandes œuvres.

On peut avancer que, dans l'avenir immédiat, il continuera à en être ainsi. Pierre Hébert a raison d'écrire qu'il « semble bien que des progrès impressionnants restent à venir avant que cette technologie ne se stabilise[4].» En attendant, les progrès de l'animatique servent fort bien le cinéma de fiction. De *Terminator II* de James Cameron à *Jurassic Park* de Spielberg, Hollywood fait grand usage des effets spéciaux informatisés. Bien entendu, l'histoire jugera autrement la performance des logiciels employés dans ces longs métrages — comme aujourd'hui plusieurs s'amusent du faible degré de vraisemblance des maquettes créées par Ray Harryhausen dans des films comme *Le septième voyage de Sinbad,* en 1959 — mais ces films auront toujours le mérite d'exister par-delà leurs effets spéciaux. Par ailleurs, l'ordinateur est devenu un outil précieux pour quantité de cinéastes d'animation. Par exemple, réalisant un premier long métrage intitulé *La plante humaine,* Pierre Hébert utilise l'ordinateur pour colorer et retravailler des images préalablement gravées sur pellicule. La technique simple et ancienne de la gravure sur pellicule lui procure la stabilité nécessaire à la création, tandis que l'ordinateur lui donne de nouveaux moyens, comme celui d'effectuer avec une relative facilité des tâches auparavant fastidieuses (notamment en ce qui concerne la colorisation des images).

Des animateurs industrieux des studios Disney aux artisans de l'ONF, nombreux sont ceux qui misent aujourd'hui sur le mariage de l'ordinateur et des techniques traditionnelles. Il semble que l'avenir immédiat du cinéma d'animation se trouve davantage dans ce métissage technique que dans le clivage annoncé il y a un peu plus d'une décennie.

Au début des années 1980, plusieurs se demandaient si l'animatique allait tuer les techniques d'animation traditionnelles, voire même le cinéma de prise de vue réelle lui-même. Quinze ans plus tard, la question ne suscite plus

---

4. Pierre Hébert, «Effacement et résistance du corps. Les enjeux de l'art à l'ère des machines», *24 images,* n° 43, été 1989, p. 27.

les mêmes passions. Heureusement, d'ailleurs. Le producteur Robert Forget, qui fut à l'ONF un fervent promoteur de l'animatique, disait en 1989 : « Il demeure qu'à court terme, il faut se demander si l'ordinateur est le meilleur outil pour concrétiser un projet de film. À l'heure actuelle, il ne l'est pas dans 80 % des cas[5]. » L'observation est toujours valable. Sans vouloir jouer au devin, on peut aisément penser que tant que l'animatique restera le lieu d'une course effrénée au progrès, l'art n'y installera pas son nid.

---

5. Marcel Jean, « Entretien avec Robert Forget », *24 images,* n° 43, été 1989, p. 30.

Index des noms

Index des titres de films

Table des matières

Cet ouvrage a été achevé d'imprimer en septembre 2006
sur les presses de l'Imprimerie Gauvin, Gatineau